AF389874

LETTRE

SUR LA COMEDIE

DE

L'IMPOSTEUR.

Cette Lettre a été réimprimée en 1670, sous le titre d'_observans_, et _l'artuffe_ déguisé dans cette V.e Edon sous le nom de Pannlfe, y paroit sous son véritable nom.

MDCLXVII.

c'est l'unique différence des deux Edons.

(On croit cette note de la main de Hayot de Couronne.)

AVIS.

CETTE Lettre est composée de deux parties : la premiere est une relation de la representation de l'Imposteur, & la derniere consiste en deux reflexions sur cette Comedie. Pour ce qui est de la relation, on a crû qu'il étoit à propos d'avertir ici, que l'Auteur n'a vû la piece qu'il raporte, que la seule fois qu'elle a été representée en public, & sans aucun dessein d'en rien retenir, ne prevoyant pas l'occasion qui l'a engagé à faire ce petit Ouvrage : ce qu'on ne dit point pour le loüer de bonne memoire, qui est une qualité pour qui il a tout le mépris imaginable ; mais bien pour aller audevant de ceux qui ne seront pas contens de ce qui est inseré des paroles de la Comedie dans cette Relation, parce qu'ils voudroient voir la piece entiere, & qui ne seront

* ä

pas assez raisonnables pour considerer la difficulté qu'il y a eu à en retenir seulement ce qu'on en donne ici. L'Auteur s'est contenté la plûpart du tems de rapporter à peu prés les mêmes mots, & ne se hazarde guere à mettre des vers : il lui étoit bien aisé, s'il eût voulu, de faire autrement, & de mettre tout en vers ce qu'il rapporte, de quoi quelques gens se seroient peut-étre mieux accommodez ; mais il a crû devoir ce respect au Poëte dont il raconte l'ouvrage, quoiqu'il ne l'ait jamais vû que sur le theatre, de ne point travailler sur sa matiere, & de ne se hazarder pas à défigurer ses pensées, en leur donnant peutétre un tour autre que le sien. Si cette retenue & cette sincerité ne produisent pas un effet fort agreable, on espere du moins qu'elles paroitront estimables à quelquesuns, & excusables à tous.

*Des deux reflexions qui compo-
sent la derniere partie, on n'auroit
point vû la plûpart de la derniere ;
& l'Auteur n'auroit fait que la pro-
poser sans la prouver, s'il en avoit
été crû, parcequ'elle lui semble
trop speculative ; mais il n'a pas été
le maitre : toutefois comme il se
défie extremement de la delicatesse
des esprits du siecle, qui se rebutent
à la moindre apparence de dogme,
il n'a pû s'empécher d'avertir dans
le lieu méme, comme on verra,
ceux qui n'aiment pas le raisonnement, qu'ils n'ont que faire de passer
outre. Ce n'est pas qu'il n'ait fait
tout ce que la brieveté du tems &
ses occupations de devoir lui ont permis, pour donner à son discours l'air
le moins contraint, le plus libre &
le plus dégagé qu'il a pû ; mais comme il n'est point de genre d'écrire
plus difficile que celui-là, il avoüe*

* iij

de bonne foi, qu'il auroit encor besoin de cinq ou six mois pour mettre ce
seul discours du Ridicule, non pas
dans l'état de perfection dont la matiere est capable, mais seulement
dans celui qu'il est capable de lui
donner.

En general on prie les Lecteurs
de considerer la circonspection dont
l'Auteur a usé dans cette matiere,
& de remarquer que dans tout ce
petit Ouvrage il ne se trouvera pas
qu'il juge en aucune maniere de ce
qui est en question, sur la Comedie
qui en est le sujet. Car pour la premiere partie, ce n'est, comme on a
déja dit, qu'une relation fidele de la
chose, & de ce qui s'en est dit pour
& contre par les intelligens : & pour
les reflexions qui composent l'autre,
il n'y parle que sur des suppositions,
qu'il n'examine point. Dans la premiere il suppose l'innocence de cette

piece, quant au particulier de toute ce
qu'elle contient, ce qui est le point
de la question, & s'attache simplement à combattre une objection generale qu'on a faite, sur ce qu'il est
parlé de la Religion : & dans la derniere continuant sur la méme suppo-
sition, il propose une utilité acciden-
telle qu'il croit qu'on en peut tirer
contre la galanterie & les galans :
utilité qui assurément est grande, si
elle est veritable ; mais qui, quand
elle le seroit, ne justifieroit pas les
defauts essentiels que les Puissances
ont trouvez dans cette Comedie, si
tant est qu'ils y soient, ce qu'il n'e-
xamine point.

C'est ce qu'on a crû devoir dire
par avance, pour la satisfaction des
gens sages, & pour prevenir la pensée que le titre de cet Ouvrage leur
pourroit donner, qu'on manque au respect qui est dû aux Puissances : mais

auſſi aprés avoir eu cette déference & ce ſoin pour le jugement des hom- mes, & leur avoir rendu un témoi- gnage ſi précis de ſa conduite, s'ils n'en jugent pas equitablement, l'Au- teur a ſujet de s'en conſoler, puiſqu'il ne fait enfin que ce qu'il croit devoir à la Iuſtice, à la Raiſon & à la Ve- rité.

LETTRE

LETTRE
SVR LA COMEDIE
DE L'IMPOSTEVR.

MONSIEVR,

Puisque c'est un crime pour moy que d'avoir esté à la premiere representation de l'Imposteur, que vous avez manquée; & que je ne saurois en obtenir le pardon, qu'en reparant la perte que vous avez faite, & qu'il vous plaist de m'imputer : il faut bien que j'essaye de rentrer dans vos bonnes graces, & que je fasse violence à ma paresse, pour satisfaire vostre curiosité.

Imaginez-vous donc de voir d'abord paroître une Vieille,

A

qu'à son air & à ses habits on n'auroit garde de prendre pour la mere du maistre de la maison, si le respect & l'empressement avec lequel elle est suivie de diverses personnes tres propres & de fort bonne mine, ne la faisoient connoître. Ses paroles & ses grimaces témoignent également sa colere & l'envie qu'elle a de sortir d'un lieu, où elle avoue franchement *qu'elle ne peut plus de-meurer, voyant la maniere de vie qu'on y mene.* C'est ce qu'elle décrit d'une merveilleuse sorte : & comme son Petitfils ose luy ré-pondre, elle s'emporte contre luy, & luy fait son portrait avec les couleurs les plus naturelles & les plus aigres qu'elle peut trouver ; & conclut *qu'il y a long-temps qu'elle a dit à son pere, qu'il ne seroit jamais qu'un Vaurien.*

Autant en fait elle pour le mefme fujet à fa Bru, au Frere de fa Bru, & à fa Suivante ; la paffion qui l'anime luy fourniffant des paroles, elle reüffit fi bien dans tous ces caracteres fi differens, que le Spectateur ôtant de chacun d'eux ce qu'elle y met du fien, c'eft à dire l'aufterité ridicule du temps paffé, avec laquelle elle juge de l'efprit & de la conduite d'aujourd'huy, connoift tous ces gens là mieux qu'elle-mefme, & reçoit une volupté tres fenfible d'eftre informé dés l'abord de la nature des perfonnages par une voie fi fidele & fi agreable.

Sa connoiffance n'eft pas bornée à ce qu'il voit, & le caractere des abfens refulte de celuy des prefens. On voit fort clairement par tout le difcours de la Vieille,

qu'elle ne jugeroit pas ſi rigou-
reuſement des deportemens de
ceux à qui elle parle, s'ils avoient
autant de reſpect , d'eſtime &
d'admiration que ſon Fils & elle
pour Mr Panulphe : que toute
leur méchanceté conſiſte *dans le
peu de veneration qu'ils ont pour ce
ſaint Homme, & dans le déplaiſir
qu'ils témoignent de la déférence
& de l'amitié avec laquelle il eſt
traité par le maiſtre de la maiſon : que
ce n'eſt pas merveille qu'ils le haïſ-
ſent comme ils font, cenſurant leur
méchante vie comme il fait, &
qu'enfin la vertu eſt toûjours per-
ſecutée.* Les autres ſe voulant defendre , achevent le caractere
du ſaint Perſonnage , mais pourtant ſeulement comme d'un zelé
indiſcret & ridicule. Et ſur ce
propos le Frere de la Bru commence déja à faire voir quelle eſt

la veritable devotion, par rapport à celle de Monſieur Panulphe : de ſorte que le venin, s'il y en a à tourner la bigotterie en ridicule, eſt preſque precedé par le contrepoiſon. Vous remarquerez s'il vous plaiſt, que pour achever la peinture de ce bon Monſieur, on luy a donné un Valet, duquel, quoiqu'il n'ait point à paroiſtre, on fait le caractere tout ſemblable au ſien, c'eſt à dire, ſelon Ariſtote qu'on dépeint, le Valet pour faire mieux connoître le Maiſtre. La Suivante ſur ce propos continuant de ſe plaindre des reprimendes continuelles de l'un & de l'autre, expoſe entre autres le chapitre ſur lequel Mr Panulphe eſt plus fort, *c'eſt à crier contre les viſites que reçoit Madame*; & dit ſur cela, voulant ſeulement plaiſanter & faire

A iij

enrager la Vieille, & sans qu'il paroisse qu'elle se doute déja de quelque chose, *qu'il faut assurément qu'il en soit jaloux;* ce qui commence cependant à rendre croyable l'amour brutal & emporté qu'on verra aux Actes suivans dans le saint Personnage. Vous pouvez croire que la Vieille n'écoute pas cette raillerie, qu'elle croit impie, sans s'emporter horriblement contre celle qui la fait : mais comme elle voit que toutes ces raisons ne persuadent point ces esprits obstinez, elle recourt aux authoritez & aux exemples, & leur apprend les étranges jugemens que font les Voisins de leur maniere de vivre : elle appuye particulierement sur une Voisine, dont elle propose l'exemple à sa Bru comme un modele de vertu parfaite, & enfin *de la maniere qu'il faudroit qu'elle vécust*, c'est à dire à la Panulphe. La Suivante repart aussitost, que *la sagesse de cette Voisine a attendu sa vieillesse, & qu'il luy faut bien pardonner si elle est prude, parce qu'elle ne l'est qu'à son corps defendant*. Le Frere de la Bru continuë par un caractere sanglant qu'il fait de l'humeur des gens de cet âge, *qui blâment tout ce qu'ils ne peuvent plus faire.* Comme cela touche la Vieille de fort prés, elle entreprend avec grande chaleur de répondre, sans pourtant témoigner se l'appliquer en aucune façon : ce que nous ne faisons jamais dans ces occasions, pour avoir un champ plus libre à nous defendre, en feignant d'attaquer simplement la these proposée, & à evaporer toute noſtre bile contre qui nous pique de cette maniere ſubtile, ſans qu'il paroiſſe que nous le faſſions pour noſtre intereſt. Pour remettre la Vieille de ſon emotion, le Frere continue, ſans faire ſemblant d'appercevoir le deſordre où ſon diſcours l'a miſe : & pour un exemple de bigoterie qu'elle avoit apporté, il en donne ſix ou ſept, qu'il propoſe, ſoûtient & prouve l'eſtre de la veritable vertu. Nombre qui excede de beaucoup celuy des bigots alleguez par la Vieille: pour aller au devant des jugemens malicieux ou libertins, qui voudroient induire de l'avanture qui fait le ſujet de cette piece, qu'il n'y a point ou fort peu de veritables gens de bien, en témoignant par ce dénombrement, que le nombre en eſt grand en foy, voire tres grand, si on le compare à celuy des fieffez bigots, qui ne reüssiroient pas si bien dans le monde s'ils estoient en si grande quantité. Enfin la Vieille sort de colere; & estant encore dans la chaleur de la dispute, donne un soufler sans aucun sujet à la petite fille sur qui elle s'appuye, qui n'en pouvoit mais. Cependant le Frere parlant d'elle, & l'appellant *la bonne femme*, donne occasion à la Suivante de mettre la derniere main à ce ravissant caractere, en luy disant *qu'il n'auroit qu'à l'appeller ainsi devant elle; qu'elle luy diroit bien qu'elle le trouve bon, & qu'elle n'est point d'âge à meriter ce nom.*

Ensuite ceux qui sont restez parlent d'affaire, & exposent qu'ils sont en peine de faire achever un mariage qui eſt arreſté depuis long-temps d'un fort brave Cavalier avec la fille de la maiſon, & que pourtant le Pere de la Fille differe fort obſtinément; ne ſachant quelle peut eſtre la cauſe de ce retardement, ils l'attribuent fort naturellement au principe general de toutes les actions de ce pauvre homme coëffé de Monſieur Panulphe, c'eſt à dire à Monſieur Panulphe meſme, ſans toutefois comprendre pourquoy ny comment il peut en eſtre la cauſe. Et là on commence à rafiner le caractere du ſaint Perſonnage, en montrant par l'exemple de cette affaire domeſtique, comment les Devots ne s'arreſtant pas ſimplement à ce qui eſt plus directement de leur métier, qui eſt de critiquer & mordre, paſſent au delà ſous

des pretextes plausibles à s'inge-
rer dans les affaires les plus secre-
tes & les plus seculieres des fa-
milles.

Quoique la Dame se trouvast
assez mal, elle estoit descendue
avec bien de l'incommodité dans
cette sale basse, pour accompagner sa Bellemere : ce qui commence à former admirablement
son caractere tel qu'il le faut pour
la suite, d'une vraye femme de
bien, qui connoist parfaitement
ses veritables devoirs, & qui y sa-
tisfait jusqu'au scrupule. Elle se
retire avec la Fille dont est question, nommée Mariane, & le
Frere de cette fille nommé Damis, aprés estre tombez d'accord
tous ensemble que le Frere de la
Dame pressera son mary pour
avoir de luy une derniere réponse
sur le mariage.

La Suivante demeure avec ce Frere, dont le personnage est toutafait heureux dans cette occasion, pour faire rapporter avec vraysemblance & bienseance à un homme qui n'est pas de la maison, quoiqu'interessé pour sa sœur dans tout ce qui s'y passe, de quelle maniere Monsieur Panulphe y est traité. Cette fille le fait admirablement : elle conte comment *il tient le haut de la table aux repas ;* comment *il est servi le premier de tout ce qu'il y a de meilleur ;* comment *le maistre de la maison & luy ne se traitent que de frere.* Enfin comme elle est en beau chemin, Monsieur arrive.

Il luy demande d'abord *ce qu'on fait à la maison,* & en reçoit pour réponse, que *Madame se porte assez mal ;* à quoy sans repliquer il continue: *Et Panulphe ?*

La

La Suivante contrainte de répondre , luy dit brusquement que
Panulphe se porte bien. Sur quoy
l'autre s'écrie d'un ton mélé d'admiration & de compassion : *Le*
pauvre homme ! La Suivante revient d'abord à l'incommodité
de sa Maitresse , par trois fois est
interrompuë de mesme , répond
de mesme, & revient de mesme ;
ce qui est la maniere du monde
la plus heureuse & la plus naturelle de produire un caractere
aussi outré que celuy de ce bon
Seigneur , qui paroît de cette
sorte d'abord dans le plus haut
degré de son entestement : ce qui
est necessaire , afin que le change-
ment qui se fera dans luy quand
il sera desabusé (qui est proprement le sujet de la piece) paroisse d'autant plus merveilleux
au Spectateur.

C'eſt icy que commence le caractere le plus plaiſant & le plus étrange des Bigots : car la Suivante ayant dit que *Madame n'a point ſoupé*, & Monſieur ayant répondu, comme j'ay dit, *Et Panulphe*, elle replique, qu'*il a mangé deux perdrix & quelque rôty outre cela*, enſuite qu'*il a fait la nuit toute d'une piece*, ſur ce que ſa Maitreſſe *n'avoit point dormy*; & qu'enfin *le matin avant que de ſortir pour reparer le ſang qu'avoit perdu Madame, il a bu quatre coups de bon vin pur*. Tout cela, dis-je, le fait connoître premierement pour un homme tres ſenſuel & fort gourmand, ainſi que. le ſont la pluſpart des Bigots.

La Suivante s'en va , & les Beauxfreres reſtans ſeuls, le ſage prend occaſion ſur ce qui vient de ſe paſſer, de pouſſer l'autre

fur le chapitre de fon Panulphe.
Cela femble affecté , non ne-
ceffaire , & hors de propos à quel-
ques-uns ; mais d'autres difent
que quoique ces deux hommes
ayent à parler enfemble d'autre
chofe de confequence , pourtant la conftitution de cette piece eft fi heureufe , que l'Hypocrite étant caufe directement
ou indirectement de tout ce qui
s'y paffe , on ne fauroit parler de
luy qu'à propos : qu'ainfi ne foit,
ayant fait entendre aux Spectateurs dans la Scene precedente,
que Panulphe gouverne abfolument l'homme dont eft queftion,
il eft fort naturel que fon Beaufrere prenne une occafion auffi
favorable que celle-cy , pour luy
reprocher l'extravagante eftime
qu'il a pour ce Cagot, qu'on croit
eftre caufe de la méchante dif-

pofition d'efprit où eft le bon homme touchant le mariage dont il s'agit, comme je l'ay déja dit.

Le bon Seigneur donc pour fe juftifier pleinement fur ce chapitre à fon Beaufrere, fe met à luy conter *comment il a pris Panulphe en amitié.* Il dit que veritablement *il eftoit auffi pauvre des biens temporels, que riche des eternels.* Qualité commune prefque à tous les bigots, qui pour l'ordinaire ayant peu de moyens, & beaucoup d'ambition, fans aucun des talens neceffaires pour la fatisfaire honnêtement, refolus cependant de l'affouvir à quelque prix que ce foit, choififfent la voye de l'hypocrifie, dont les plus ftupides font capables, & par où les plus fins fe laiffent dupper. Le bon homme continuë qu'*il le voyoit à l'Eglife prier Dieu avec*

beaucoup d'aſsiduité & de marques
de ferveur ; que pour peu qu'on
luy donnât, il diſoit bientoſt,
C'eſt aſſez : & quand il avoit plus
qu'il ne luy falloit, il l'alloit
auſſitoſt qu'il l'avoit receu, ſouvent meſme *devant ceux qui luy
avoient donné, diſtribuer aux pau-
vres*. Tout cela fait un effet admirable, en ce que croyant parfaitement convaincre ſon Beaufrere de la beauté de ſon choix,
& de la juſtice de ſon amitié pour
Panulphe, le bonhomme le con-
vainc entierement de l'hypocri-
ſie du perſonnage, par tout ce
qu'il dit ; de ſorte que ce meſme
diſcours fait un effet directement
contraire ſur ces deux hommes,
dont l'un eſt auſſi charmé par ſon
propre recit de la vertu de Panulphe, que l'autre demeure per-
ſuadé de ſa méchanceté : ce qui

jouë si bien, que vous ne sauriez l'imaginer.

L'histoire du Saint homme étant faite de cette sorte, & par une bouche tres fidelle, puisqu'elle est passionnée, finit son caractere, & attire necessairement toute la foy du Spectateur. Le Beaufrere plus pleinement confirmé dans son opinion qu'auparavant, prend occasion sur ce sujet de faire des reflexions tres solides sur les differences qui se rencontrent entre la veritable & la fausse vertu : ce qu'il fait toûjours d'une maniere nouvelle.

Vous remarquerez, s'il vous plait, que d'abord l'autre voulant exalter son Panulphe, commence à dire que *c'est un homme*; de sorte qu'il semble qu'il aille faire un long dénombrement de ses bonnes qualitez; & tout cela se reduit pourtant à dire encore une ou deux fois, *mais un homme, un homme*, & à conclure, *un homme enfin* : ce qui veut dire plusieurs choses admirables ; l'une, que les bigots n'ont pour l'ordinaire aucune bonne qualité, & n'ont pour tout merite que leur bigoterie ; ce qui paroit en ce que l'homme mesme qui est infatué de celuycy, ne sait que dire pour le louër. L'autre est un beau jeu du sens de ces mots, *c'est un homme*, qui concluent tres veritablement, que Panulphe est extremement un homme, c'est à dire un fourbe, un méchant, un traitre, & un animal tres pervers, dans le langage de l'ancienne Comedie : & enfin la merveille qu'on trouve dans l'admiration que nostre entesté a pour son bigot, quoiqu'il ne sache que dire

pour le loüer, montre parfaitement le pouvoir vraiment étrange de la Religion sur les esprits
des hommes, qui ne leur permet
pas de faire aucune reflexion sur
les defauts de ceux qu'ils esti-
ment pieux, & qui est plus grand
luy seul, que celuy de toutes les
autres choses ensemble.

Le bon homme pressé par les
raisonnemens de son Beaufrere,
ausquels il n'a rien à répondre,
bien qu'il les croye mauvais, luy
dit adieu brusquement, & le veut
quitter sans autre réponse; ce qui
est le procedé naturel des opinia-
tres : l'autre le retient pour luy
parler de l'affaire du mariage, sur
laquelle il ne luy répond qu'obli-
quement sans se declarer, & enfin
à la maniere des bigots, qui ne disent jamais rien de positif, depeur
de s'engager à quelque chose, &

qui colorent toûjours l'irrefolu-
tion qu'ils témoignent, de pretextes de Religion. Cela dure
jufqu'à ce que le Beaufrere luy
demande *un oüi*, *ou un non*; à
quoy luy ne voulant point répondre, le quite enfin brutalement,
comme il avoit déja voulu faire:
ce qui fait juger à l'autre que
leurs affaires vont mal, & l'oblige
d'y aller pourvoir.

La Fille de la maifon commence le fecond Acte avec fon
pere. Il luy demande fi *elle n'eft
pas difposée à luy obeïr toûjours*, & à
fe conformer à fes volontez. Elle
répond fort elegamment qu'oüy.
Il continue, & luy demande encore, *que luy femble de Monfieur
Panulphe*: elle bien empefchée
pourquoy on luy fait cette queftion, hefite: enfin preffée & en-

couragée de répondre dit, *Tout ce que vous voudrez.* Le Pere luy dit qu'elle ne craigne point d'avouër ce qu'elle pense, & qu'elle dise hardiment ce qu'aussibien il devine aisément, que *les merites de Monsieur Panulphe l'ont touchée, & qu'enfin elle l'aime.* Ce qui est admirablement dans la nature, que cet homme se soit mis dans l'esprit que sa fille trouve Panulphe aimable pour mary, à cause que luy l'aime pour amy ; n'y ayant rien de plus vray dans les cas comme celuycy, que la maxime, que nous jugeons des autres par nousmesmes ; parce que nous croyons toûjours nos sentimens & nos inclinations fort raisonnables.

Il continue ; & supposant que ce qu'il s'imagine est une verité, il dit qu'*il la veut marier avec Pa-*

nulphe, & qu'il croit qu'elle luy obeï-
ra fort volontiers quand il luy com-
mandera de le recevoir pour époux.
Elle surprise luy fait redire avec
un *hé* de doute & d'incertitude
de ce qu'elle a oüy ; à quoy le Pere replique par un autre, d'admiration de ce doute, aprés qu'il
s'est expliqué si clairement. Enfin
s'expliquant une seconde fois,
& elle pensant bonnement sur ce
qu'il a témoigné croire qu'elle
aime Panulphe, que c'est peut-
estre ensuite de cette croyance
qu'il les veut marier ensemble,
luy dit avec un empressement fort
plaisant, *qu'il n'en est rien, qu'il
n'est pas vray qu'elle l'aime.* De
quoy le Pere se mettant en colere, la Suivante survient, qui
dit son sentiment làdessus comme on peut penser. Le Pere s'emporte assez longtems contre elle,

fans la pouvoir faire taire : enfin comme elle s'en va, il s'en va auffi. Elle revient, & fait une Scene toute de reproches & de ra.lleries à la Fille, fur la foible refiftance qu'elle fait au beau deffein de fon pere, & luy dit fort plaifamment, que *s'il trouve fon Panulphe fi bien fait* (car le bon homme avoit voulu luy prouver cela) *il peut l'époufer luymefme, fi bon luy femble.* Sur ce difcours Valere amant de cette fille à qui elle eft promife, arrive. Il luy demande d'abord *fi la nouvelle qu'il a apprife* de ce pretendu mariage *eft veritable.* A quoy dans la terreur où les menaces de fon pere, & la furprife où ces nouveaux deffeins l'ont jettée, ne répondant que foiblement & comme en tremblant, Valere continue à luy demander *ce qu'elle fera.* In-

ter-

terdite en partie de ſon avanture,
en partie irritée du doute où il
témoigne en quelque façon eſtre
de ſon amour, elle luy répond
qu'elle fera ce qu'il luy conſeillera.
Il replique encore plus irrité
de cette réponſe, que *pour luy il
luy conſeille d'épouſer Panulphe.* Elle
repart ſur le meſme ton, *qu'elle
ſuivra ſon conſeil.* Il témoigne s'en
peu ſoucier; elle encore moins:
enfin ils ſe querellent & ſe brouil-
lent ſi bien enſemble, qu'aprés
mille retours ingenieux & paſ-
ſionnez, comme ils ſont preſts à
ſe quitter, la Suivante qui les re-
gardoit faire pour en avoir le di-
vertiſſement, entreprend de les
raccommoder, & fait tant qu'elle
en vient à bout. Ils concluent
comme elle leur conſeille, de ne
ſe point voir pour quelque tems,
& faire ſemblant cependant de

flechir aux volontez du Pere. Cela arresté, Dorine les fait partir
chacun de leur côté, avec plus
de peine qu'elle n'en avoit eu à
les retenir, quand ils avoient voulu s'en aller un peu devant. Ce
dépit amoureux a semblé hors de
propos à quelquesuns dans cette
piece ; mais d'autres pretendent
au contraire, qu'il represente tres
naïvement & tres moralement la
varieté surprenante des principes
d'agir, qui se rencontrent en ce
monde dans une mesme affaire,
la fatalité qui fait le plus souvent brouiller les gens ensemble,
quand il le faut le moins, & la sotise naturelle de l'esprit des hommes, & particulierement des a-
mans , de penser à toute autre
chose dans les extremitez, qu'à
ce qu'il faut, & s'arrester alors à
des choses de nulle consequence

dans ces tems-là, au lieu d'agir solidement dans le veritable interest de la passion. Cela sert, disent-ils encore, à faire mieux voir l'emportement & l'entestement du Pere, qui peut rompre & rendre malheureuse une amitié si belle, née par ses ordres; & l'injustice de la pluspart des bienfaits que les Devots reçoivent des Grands, qui tournent pour l'ordinaire au prejudice d'un tiers, & qui font toûjours tort à quelqu'un; ce que les Panulphes pensent estre rectifié par la consideration seule de leur vertu pretendue, comme si l'iniquité devenoit innocente dans leur personne. Outre cela tout le monde demeure d'accord, que ce dépit a cela de particulier & d'original pardessus ceux qui ont paru jusqu'à present sur le theatre, qu'il naît & finit devant les Spectateurs, dans une mesme Scene, & tout cela aussi vraysemblablement, que faisoient tous ceux qu'on avoit veus auparavant, où ces coleres amoureuses naissent de quelque tromperie faite par un tiers, ou par le hazard, & la plufpart du tems derriere le theatre ; au lieu qu'icy elles naissent divinement à la vûe des Spectateurs, de la delicatesse & de la force de la passion mesme ; ce qui meriteroit de longs commentaires.

Enfin Dorine demeurée seule, est abordée par sa Maitresse & le Frere de sa Maitresse avec Damis : tous ensemble parlant de ce beau mariage, & ne sachant quelle autre voye prendre pour le rompre, se resolvent d'en faire parler à Panulphe mesme par la

Dame, parce qu'ils commencent à croire qu'il ne la hait pas. Et par là finit l'Acte, qui laisse, comme on voit, dans toutes les regles de l'art, une curiosité & une impatience extreme de savoir ce qui arrivera de cette entreveuë; comme le premier avoit laissé le Spectateur en suspens & en doute de la cause pourquoy le mariage de Valere & de Mariane estoit rompu, qui est expliquée d'abord à l'entrée du second, comme on a vû.

Ainsi le troisiéme commence par le Fils de la maison, & Dorine qui attend le Bigot au passage, pour l'arreter au nom de sa Maitresse, & luy demander de sa part une entreveüe secrete. Damis le veut attendre aussi; mais enfin la Suivante le chasse. A peine l'a-t-il laiſſée, que Panulphe paroît, criant à ſon Valet : *Lorent, ſerrez ma haire avec ma diſcipline ;* & que ſi on le demande, *il va aux priſonniers diſtribuer le ſuperflu de ſes deniers.* C'eſt peuteſtre une adreſſe de l'auteur, de ne l'avoir pas fait voir plutôt, mais ſeulement quand l'action eſt échauffée ; car un caractere de cette force tomberoit, s'il paroiſſoit ſans faire d'abord un jeu digne de luy ; ce qui ne ſe pouvoit que dans le fort de l'action.

Dorine l'aborde làdeſſus ; mais à peine la voit-il, qu'il tire ſon mouchoir de ſa poche, & le luy preſente ſans la regarder, pour mettre ſur ſon ſein qu'elle a découvert, en luy diſant que *les ames pudiques par cette veuë ſont bleſſées, & que cela fait venir de coupables penſées.* Elle luy répond

qu'il est donc bien fragile à la tenta-
tion, & que cela sied bien mal avec
tant de devotion; que *pour elle* qui
n'est pas devote de profession,
elle n'est pas de mesme, & qu'elle le
verroit tout nu depuis la teste jufqu'aux pieds sans emotion aucune.
Enfin elle fait son message, & il
le reçoit avec une joie qui le dé-
contenance, & le jette un peu
hors de son rolle : & c'est icy où
l'on voit representée mieux que
nulle part ailleurs, la force de
l'amour, & les grands & beaux
jeux que cette passion peut faire
par les effets involontaires qu'il
produit dans l'ame de toutes la
plus concertée.

A peine la Dame paroit, que
notre Cagot la reçoit avec un
empressement, qui, bien qu'il
ne soit pas fort grand, paroit extraordinaire dans un homme de

sa figure. Aprés qu'ils sont as-
sis, il commence par luy rendre graces de l'occasion qu'elle
luy donne de la voir en particulier. Elle témoigne qu'il y
a lontems qu'elle avoit envie
aussi de l'entretenir. Il continue
par des excuses *des bruits qu'il
fait tous les jours pour les visites
qu'elle reçoit;* & la prie de ne pas
croire *que ce qu'il en fait soit par
haine qu'il ait pour elle.* Elle répond
qu'elle est persuadée, que *c'est
le soin de son salut qui l'y oblige.*
Il replique que *ce n'est pas ce motif
seul,* mais que *c'est outre cela par
un zele particulier* qu'il a pour
elle : & sur ce propos se met à luy
conter fleurette en termes de devotion mystique, d'une maniere
qui surprend terriblement cette
femme ; parce que d'une part il
luy semble étrange que cet hom-

me la cajolle ; & d'ailleurs il luy
prouve si bien par un raisonnement tiré de l'amour de Dieu,
qu'il la doit aimer, qu'elle ne sait
comment le blâmer. Bien des
gens pretendent que l'usage de
ces termes de devotion que l'Hypocrite employe dans cette occasion, est une profanation blâ-
mable que le Poëte en fait : d'autres disent qu'on ne peut l'en ac-
cuser qu'avec injustice ; parce
que ce n'est pas luy qui parle,
mais l'Acteur qu'il introduit : de
sorte qu'on ne sauroit luy imputer cela, non plus qu'on ne doit
pas luy imputer toutes les imper-
tinences qu'avancent les personnages ridicules des Comedies :
qu'ainsi il faut voir l'effet que
l'usage de ces termes de pieté de
l'Acteur peut faire sur le Spectateur, pour juger si cet usage est

condamnable. Et pour le faire avec ordre, il faut suppofer, difent-ils, que le Theatre eft l'école de l'homme, dans laquelle les Poëtes, qui étoient les Theologiens du Paganifme, ont pretendu purger la volonté des paffions par la Tragedie, & guerir l'entendement des opinions erronées par la Comedie : que pour arriver à ce but ils ont crû que le plus feur moyen étoit de propofer les exemples des vices qu'ils vouloient détruire ; s'imaginant, & avec raifon, qu'il étoit plus à propos, pour rendre les hommes fages, de montrer ce qu'il leur faloit eviter, que ce qu'ils devoient imiter. Ils alleguent des raifons admirables de ce principe, que je paffe fous filence, de peur d'eftre trop long. Ils continuent, que c'eft ce que les Poëtes ont pratiqué, en introduisant des personnages passionnez dans la Tragedie, & des personnages ridicules dans la Comedie (ils parlent du ridicule dans le sens d'Aristote, d'Horace, de Ciceron, de Quintilien, & des autres maitres, & non pas dans celuy du peuple :) qu'ainsi faisant profession de faire voir de méchantes choses ; si l'on n'entre dans leur intention, rien n'est si aisé que de faire leur procés : qu'il faut donc considerer si ces defauts sont produits d'une maniere à en rendre la consideration utile aux Spectateurs : ce qui se reduit presque à savoir s'ils sont produits comme defauts, c'est à dire comme méchans & ridicules ; car dés là ils ne peuvent faire qu'un excellent effet. Or c'est ce qui se trouve merveilleusement dans notre Hypocrite en cet endroit : car l'ufage qu'il y fait des termes de pieté eft fi horrible de foy, que quand le Poëte auroit apporté autant d'art à diminuer cette horreur naturelle, qu'il en a apporté à la faire paroitre dans toute fa force, il n'auroit pu empêcher que cela ne paruft toujours fort odieux : de forte que cet obftacle levé, continuent-ils, l'ufage de ces termes ne peut eftre regardé que de deux manieres tres innocentes, & de nulle confequence dangereufe; l'une comme un voile venerable & reveré, que l'Hypocrite met audevant de la chofe qu'il dit, pour l'infinuer fans horreur, fous des termes qui enervent toute la premiere impreffion que cette chofe pouroit faire dans l'efprit, de fa turpitude naturelle. L'autre eft en confiderant cet usage comme l'effet de l'habitude que les bigots ont prise de se servir de la devotion, & de l'employer partout à leur avantage, afin de paroitre agir toujours par elle. Habitude qui leur est tres utile; en ce que le peuple que ces gens-là ont en veuë, & sur qui les paroles peuvent tout, se previendra toujours d'une opinion de sainteté & de vertu, pour les gens qu'il verra parler ce langage, comme si accoutumez aux choses spirituelles, & si peu à celles du monde, que pour traiter celles-cy ils sont contraints d'emprunter les termes de celle-là. Et c'est icy, concluent enfin ces Messieurs, où il faut remarquer l'injustice de la grande objection qu'on a toujours faite contre cette piece; qui est que décriant les apparences de la vertu, on rend suspects ceux qui outre cela en ont le fond aussibien que ceux qui ne l'ont pas; comme si ces apparences étoient les mesmes dans les uns que dans les autres; que les veritables devots fussent capabes des affectations que cette piece reprend dans les hypocrites, & que la vertu n'eust pas un dehors reconnoissable de mesme que le vice.

Voila comme raisonnent ces gens-là; je vous laisse à juger s'ils ont tort, & reviens à mon histoire. Les choses étant dans cet état, & pendant ce devotieux entretien, notre Cagot s'approchant toujours de la Dame, mesme sans y penser à ce qu'il semble, à mesure qu'elle s'éloigne; enfin il luy prend la main, comme par maniere de geste, & pour luy faire quelque proteſtation qui exige d'elle une attention particuliere, & tenant cette main il la preſſe ſi fort entre les ſiennes, qu'elle eſt contrainte de luy dire, *que vous me ſerrez fort* : à quoy il répond ſoudain à propos de ce qu'il diſoit, ſe recueillant & s'appercevant de ſon tranſport, *c'eſt par excés de zele.* Vn moment aprés il s'oublie de nouveau, & promenant ſa main ſur le genouïl de la Dame, elle luy dit confuſe de cette liberté, *ce que fait là ſa main* : il répond, auſſi ſurpris que la premiere fois, *qu'il trouve ſon étofe moëlleuſe* : & pour rendre plus vraiſemblable cette deffaite, par un artifice fort naturel, il continue de conſiderer ſon ajuſtement, & s'attaque *à ſon colet dont le point luy ſemble admirable.* Il y porte la main encore pour le ma-

nier & le confiderer de plus prés;
mais elle le repouffe, plus hon-
teufe que luy. Enfin enflammé
par tous ces petits commence-
mens, par la prefence d'une femme bien faite, qu'il adore, & qui
le traite avec beaucoup de civi-
lité, & par les douceurs atta-
chées à la premiere découverte
d'une paffion amoureufe, il luy
fait fa declaration dans les termes
cy-deffus examinez; à quoy elle
répond, que *bien qu'un tel aveu
ait droit de la furprendre dans un
homme auffi devot que luy.* Il l'in-
terromp à ces mots, en s'écriant
auec un transport fort eloquent:
*Ah pour eftre devot on n'en eft pas
moins homme.* Et continuant fur
ce ton, il luy fait voir d'autre part
les avantages qu'il y a à eftre aimée d'un homme comme luy:
que le commun des gens du mon-

de, Cavaliers & autres gardent
mal un secret amoureux, & n'ont
rien de plus pressé aprés avoir receu une faveur, que de s'en aller
vanter ; mais que pour ceux de
son espece, *le sein*, dit-il, *que nous
avons de notre renommée est un gage
assuré pour la personne aimée, & l'on
trouve avec nous sans risquer son
honneur, de l'amour sans scandale,
& du plaisir sans peur.* Delà aprés
quelques autres discours reve-
nant à son premier sujet, il conclut qu'elle peut bien juger conside-
rant son air, qu'enfin tout homme
est homme, & qu'un homme est de
chair. Il s'étend admirablement
là-dessus, & luy fait si bien sentir
son humanité & sa foiblesse pour
elle, qu'il feroit presque pitié,
s'il n'étoit interrompu par Damis, qui sortant d'un cabinet voi-
sin d'où il a tout ouï, & vóyant

que la Dame fenfible à cette pitié, promettoit au Cagot de ne
rien dire, pourvû qu'il la fervift
dans l'affaire du mariage de Mariane, dit qu'*il faut que la chofe
éclate*, & qu'elle foit fceuë dans
le monde. Panulphe paroit fur-
pris, & demeure muet, mais
pourtant fans eftre déconcerté.
La Dame prie Damis de ne rien
dire ; mais il s'obftine dans fon
premier deffein. Sur cette con-
teftation le mary arrivant, il luy
conte tout. La Dame avouë la
verité de ce qu'il dit, mais en le
blâmant de le dire. Son mary les
regarde l'un & l'autre d'un œil de
couroux ; & aprés leur avoir re-
proché de toutes les manieres les
plus aigres qu'il fe peut, *la fourbe
mal conceuë qu'ils luy veulent jouër*;
enfin venant à l'Hypocrite, qui
cependant a medité fon rolle, il

le trouve, qui bien loin d'entreprendre de se justifier, par un excellent artifice se condamne & s'accuse luymesme en general & sans rien specifier, de toutes sortes de crimes ; qu'il est *le plus grand des pecheurs, un méchant, un scelerat ; qu'ils ont raison de le traiter de la sorte ; qu'il doit estre chassé de la maison comme un ingrat & un infame ; qu'il merite plus que cela ; qu'il n'est qu'un ver, un neant : quelques gens jusqu'icy me croyent homme de bien ; mais, mon frere, on se trompe, helas je ne vaux rien !* Le bon homme charmé par cette humilité, s'emporte contre son fils d'une étrange sorte, l'appellant vingt fois *Coquin.* Panulphe qui le voit en beau chemin, l'anime encore davantage, en s'allant mettre à genoux devant Damis, & luy demandant pardon, fans dire de quoy. Le Pere s'y jette auffi d'abord pour le relever, avec des rages extremes contre fon Fils. Enfin aprés plufieurs injures il veut l'obliger de fe jetter *à genoux* devant Monfieur Panulphe, *& luy demander pardon*: mais Damis refufant de le faire, & aimant mieux quitter la place, il le chaffe, *& le desheritant luy donne fa malediction*. Aprés c'eſt à confoler Monfieur Panulphe, luy faire cent fatisfactions pour les autres, & enfin luy dire *qu'il luy donne fa fille en mariage*, & avec cela *qu'il veut luy faire une donation de tout fon bien; qu'un gendre vertueux comme luy vaut mieux qu'un fils fou* comme le fien. Aprés avoir expofé ce beau projet, il vient au Bigot de plus prés, & avec la plus grande humilité du monde, & tremblant d'eſtre re-

fusé, il luy demande fort respe-
ctueusement, *s'il n'acceptera pas*
l'offre qu'il luy propose. A quoy le
Devot répond fort chrêtienne-
ment, *La volonté du Ciel soit faite*
en toutes choses. Cela étant arre-
té de la sorte avec une joye extreme de la part du bon homme,
Panulphe le prie de trouver bon
qu'il ne parle plus à sa femme, &
de ne l'obliger plus à avoir aucun
commerce avec elle : à quoy l'autre répond, donnant dans le pie-
ge que luy tend l'Hypocrite,
qu'il veut au contraire qu'ils soient
toujours ensemble en dépit de tout le
monde. Là-dessus ils s'en vont
chez le Notaire passer le contrat
de mariage, & la donation.

Au quatrieme le Frere de la
Dame dit à Panulphe, qu'il est
bien aise de le rencontrer pour

luy dire son sentiment sur tout ce qui se passe, & pour luy deman-der *s'il ne se croit pas obligé comme Chrétien de pardonner à Damis,* bien loin de le faire desheriter. Panul-phe luy répond, que *quant à luy il luy pardonne de bon cœur, mais que l'interest du Ciel ne luy permet pas d'en user autrement.* Pressé d'ex-pliquer cet interest, il dit que s'il s'accommodoit avec Damis & la Dame, il donneroit sujet de croi-re qu'il est coupable ; que les gens comme luy doivent avoir plus de soin que cela de leur reputa-tion ; & qu'enfin *on diroit qu'il les auroit recherchez de cette maniere pour les obliger au silence.* Le Frere surpris d'un raisonnement si ma-licieux, insiste à luy demander *si par un motif tel que celuylà il croit pouvoir chasser de la maison le legi-time heritier, & accepter le don ex-*

travagant que son pere luy veut faire de son bien. Le Bigot répond à cela, que s'il se rend facile a ses pieux desseins, c'est depeur que le bien ne tombât en de mauvaises mains. Le Frere s'écrie là dessus avec un emportement fort naturel, qu'il faut laisser au Ciel à empêcher la prosperité des méchans, & qu'il ne faut point prendre son interest plus qu'il ne fait luy-mesme. Il pousse quelque tems fort à propos cette excellente morale, & conclut enfin en disant au Cagot par forme de conseil : Ne seroit-il pas mieux qu'en personne discrete vous fissiez de ceans une honnéte retraite ? Le Bigot qui se sent pressé & piqué trop sensiblement par cet avis, luy dit : Monsieur, il est trois heures & demie, certain devoir chrétien m'appelle en d'autres lieux, & le quitte de cette forte. Cette Scene met dans un beau jour un des plus importans & des plus naturels caracteres de la bigoterie, qui est de violer les droits les plus sacrez & les plus legitimes, tels que ceux des enfans sur le bien des peres, par des exceptions, qui n'ont en effet autre fondement que l'interest particulier des Bigots. La distinction subtile que le Cagot fait du pardon du cœur avec celuy de la conduite, est aussi une autre marque naturelle de ces gens-là, & un avant-goust de sa Theologie, qu'il expliquera cy-aprés en bonne occasion. Enfin la maniere dont il met fin à la conversation, est un bel exemple de l'irraisonnabilité, pour ainsi dire, de ces bons Messieurs, de qui on ne tire jamais rien en raisonnant, qui n'expliquent point les motifs

de

de leur conduire, depeur de faire
tort à leur dignité par cette espece de soumission, & qui par une
exacte connoissance de la nature
de leur interest ne veulent jamais
agir que par l'autorité seule que
leur donne l'opinion qu'on a de
leur vertu.

Le Frere demeuré seul, sa Sœur
vient avec Mariane & Dorine.
A peine ont-ils parlé quelque
tems de leurs affaires communes,
que le Mary arrive avec un pa-
pier en sa main, disant qu'*il tient
dequoy les faire tous enrager*. C'est,
je pense, le contrat de mariage,
ou la donation. D'abord Mariane se jette à ses genoux & le
harangue si bien, qu'elle le touche. On voit cela dans la mine
du pauvre homme, & c'est ce qui
est un trait admirable de l'en ê-
tement ordinaire aux bigots,

E

pour montrer comme ils se dé-
font de toutes les inclinations
naturelles & raisonnables. Car
celuy-cy se sentant attendrir, se
ravise tout d'un coup, & se disant
à soy-mesme, croyant faire une
chose fort heroïque : *Ferme, ferme, mon cœur, point de foiblesse hu-
maine.* Aprés cette belle resolu-
tion il fait lever sa fille, & luy dit
que *si elle cherche à s'humilier & à se
mortifier dans un Convent, d'autant
plus elle a d'aversion pour Panulphe,
d'autant plus meritera-t-elle avec
luy.* Ie ne say si c'est icy qu'il dit
que Panulphe *est fort gentilhomme.*
A quoy Dorine répond : *Il le dit.*
Et sur cela le Frere luy represente
excellemment à son ordinaire,
*qu'il sied mal à ces sortes de gens de
se vanter des avantages du monde.*
Enfin le discours retombant fort
naturellement sur l'avanture de

l'Acte precedent, & sur l'impo-
sture pretendue de Damis & de
la Dame, le mary croyant les
convaincre de la calomnie qu'il
leur impute, objecte à sa femme,
que *si elle disoit vray*, & si effecti-
vement elle venoit d'estre pous-
sée par Panulphe sur une ma-
tiere si delicate, *elle auroit esté bien*
autrement émue qu'elle n'étoit; &
qu'elle étoit trop tranquille pour
n'avoir pas medité de longue
main cette piece. Objection admirable dans la nature des bigots, qui n'ont qu'emportement
en tout, & qui ne peuvent s'imaginer que personne ait plus de
moderation qu'eux. La Dame
répond excellemment, que *ce*
n'est pas en s'emportant qu'on re-
prime le mieux les folies de cette
espece, & que souvent un froid refus
opere mieux, que de dévisager les

gens ; qu'une honnête femme ne doit faire que rire de ces sortes d'offense ; & qu'on ne sauroit mieux les punir, qu'en les traitant de ridicule. Aprés plusieurs discours de cette nature tant d'elle que des autres pour montrer la verité de ce dont ils ont accusé Panulphe, le bon homme persistant dans son incredulité, on offre de luy faire voir ce qu'on luy dit. Il se moque lontems de cette proposition, & s'emporte contre ceux qui la font, en detestant leur impudence. Pourtant à force de luy repeter la mesme chose, & de luy demander *ce qu'il diroit s'il vayoit ce qu'il ne peut croire*, ils le contraignent de répondre : *Ie dirois, je dirois que . . . . . je ne dirois rien ; car cela ne se peut.* Trait inimitable, ce me semble, pour representer l'effet de la pensée d'une chofe fur un efprit convaincu de l'impoffibilité de cette chofe. Cependant on fait tant, qu'on l'oblige à vouloir bien effayer ce qui en fera, ne fuft-ce que pour avoir le plaifir de confondre les calomniateurs de fon Panulphe : c'eft à cette fin que le bon homme s'y refoud, aprés beaucoup de refiftance. Le deffein de la Dame qu'elle expofe alors, eft aprés avoir fait cacher fon mary fous la table, de voir Panulphe reprendre l'entretien de leur converfation precedente, & l'obliger à fe découvrir tout entier par la facilité qu'elle luy fera paroitre. Elle commande à Dorine de le faire venir. Celle-cy voulant faire faire reflexion à fa Maitreffe fur la difficulté de fon entreprife, luy dit qu'*il a de grands fujets de défiance extreme* : mais la

Dame répond divinement, qu'on est facilement trompé par ce qu'on aime. Principe qu'elle prouve admirablement dans la suite par experience, & que le Poëte a jetté exprés en avant, pour rendre plus vraisemblable ce qu'on doit voir.

Le mary placé dans sa cachete, & les autres sortis, elle reste seule avec luy, & luy tient à peu prés ce discours : qu'elle va faire un étrange personnage & peu ordinaire à une femme de bien ; mais qu'elle y est contrainte, & que ce n'est qu'aprés avoir tenté en vain tous les autres remedes ; qu'il va entendre un langage assez dur à souffrir à un mary dans la bouche d'une femme, mais que c'est sa faute ; qu'au reste l'affaire n'ira qu'aussi loin qu'il voudra, & que c'est à luy de l'interrompre où il jugera à propos. Il se cache, &

Panulphe vient. C'est icy où le Poëte avoit à travailler pour venir à bout de son dessein : aussi y a-t-il pensé par avance ; & prevoyant cette Scene, comme devant estre son chefd'œuvre, il a disposé les choses admirablement, pour la rendre parfaitement vraisemblable. C'est ce qu'il seroit inutile d'expliquer, parce que tout cela paroit tres clairement par le discours mesme de la Dame, qui se sert merveilleusement de tous les avantages de son sujet, & de la disposition presente des choses, pour faire donner l'Hypocrite dans le panneau. Elle commence par dire, *qu'il a veu combien elle a prié Damis de se taire, & le dessein où elle étoit de cacher l'affaire : que si elle ne l'a pas poussé plus fortement, il voit bien qu'elle a dû ne le pas faire* par politique : qu'il a vû sa surprise à l'abord de son mary, quand Damis a tout conté. Ce qui étoit vray, mais c'étoit pour l'impudence avec laquelle Panulphe avoit d'abord soûtenu & détourné la chose : *& comme elle a quitté la place, de douleur de le voir en danger de souffrir une telle confusion : qu'au reste il peut bien juger par quel sentiment elle avoit demandé de le voir en particulier, pour le prier si instamment de refuser l'offre qu'on luy fait de Mariane pour l'épouser; qu'elle ne s'y seroit pas tant interessée, & qu'il ne luy seroit pas si terrible de le voir entre les bras d'une autre, si quelque chose de plus fort que la raison & l'interest de la famille ne s'en étoit mêlé : qu'une femme fait beaucoup en effet dans ses premieres declarations, que de promettre le secret; qu'elle reconnoit bien*

que c'est tout que cela, & qu'on ne
sauroit s'engager plus fortement. Panulphe témoigne d'abord quelque doute par des interrogations
qui donnent lieu à la Dame de
dire toutes ces choses en y répondant. Enfin insensiblement
ému par la presence d'une belle
personne qu'il adore, qui effecti-
vement avoit receu avec beaucoup de moderation, de retenue
& de bonté la declaration de son
amour; qui le cajolle à present,
& qui le paye de raisons assez
plausibles, il commence à s'a-
veugler, à se rendre, & à croire
qu'il se peut faire que c'est tout
de bon qu'elle parle, & qu'elle
ressent ce qu'elle dit. Il conserve
pourtant encore quelque jugement, comme il est impossible
à un homme fort sensé de passer
toutafait d'une extremité à l'au-

tre ; & par un mélange admirable de paſſion & de défiance, il luy demande, aprés beaucoup de paroles, des aſſeurances *reelles* & des faveurs pour gages de la verité de ſes paroles. Elle répond en biaiſant : il replique en preſſant : enfin aprés quelques façons elle témoigne ſe rendre ; il triomphe : & voyant qu'elle ne luy objecte plus que le peché, il luy découvre le fond de ſa morale, & tâche à luy faire comprendre *qu'il hait le peché autant & plus qu'elle ne fait* ; mais que dans l'affaire dont il s'agit entre eux, *le ſcandale en effet eſt la plus grande offenſe, & c'eſt une vertu de pecher en ſilence* : que quant au fond de la choſe, *il eſt avec le Ciel des accommodemens.* Et aprés une longue deduction des adreſſes des Directeurs modernes, il conclut que *quand on ne se peut sauver par l'action, on se met à couvert par son intention.* La pauvre Dame qui n'a plus rien à objecter, est bien en peine de ce que son mary ne sort point de sa cachete, aprés luy avoir fait avec le pied tous les signes qu'elle a pû ; enfin elle s'avise pour achever de le persuader, & pour l'outrer toutafait, de mettre le Cagot sur son chapitre. Elle luy dit donc, *qu'il voye à la porte s'il n'y a personne qui vienne ou qui écoute, & si par hazard son mary ne passeroit point.* Il répond, en se disposant pourtant à luy obeïr, que *son mary est un fat, un homme préoccupé jusqu'à l'extravagance, & de sorte qu'il est dans un état à tout voir sans rien croire.* Excellente adresse du Poëte, qui a appris d'Aristote, qu'il n'est rien de plus sensible, que

d'eftre méprifé par ceux que l'on
eftime ; & qu'ainfi c'eftoit la derniere corde qu'il falloit faire
jouër ; jugeant bien que le bon
homme fouffriroit plus impa-
tiemment d'eftre traité de ridicule & de fat par le faint Frere,
que de luy voir cajoller fa femme jufqu'au bout ; quoique dans
l'apparence premiere, & au jugement des autres, ce dernier
outrage paroiffe plus grand.

En effet pendant que le galant
va à la porte, le mary fort de def-
fous la table, & fe trouve droit
devant l Hypocrite, quand il revient à la Dame pour achever
l'œuvre fi heureufement achemi-
née. La furprife de Panulphe
eft extreme, fe trouvant le bon
homme entre les bras, qui ne
peut exprimer que confufément
fon étonnement & fon admiration.

La Dame conservant toujours le caractere d'honnêteté qu'elle a fait voir jusqu'icy, paroit honteuse de la fourbe qu'elle a faite au Bigot, & luy en demande quelque sorte de pardon, en s'excusant sur la necessité. Toutefois le Bigot ne se trouble point, conserve toute sa froideur naturelle, &, ce qui est d'admirable, ose encore persister aprés cela à parler comme devant. Et c'est où il faut reconnoitre le supreme caractere de cette sorte de gens, de ne se démentir jamais quoy qui arrive; de soûtenir à force d'impudence toutes les attaques de la fortune; n'avouër jamais avoir tort; détourner les choses avec le plus d'adresse qu'il se peut, mais toujours avec toute l'assurance imaginable, & tout cela parceque les hommes jugent des

chofes plus par les yeux que par
la raifon ; que peu de gens étant
capables de cet excés de fourberie , la plufpart ne peuvent le
croire ; & qu'enfin on ne fauroit
dire combien les paroles peuvent
fur les efprits des hommes.

Panulphe perfifte donc dans
fa maniere accoutumée ; & pour
commencer à fe juftifier prés de
fon frere , car il ofe encore le
nommer de la forte , dit quelque
chofe du *deffein qu'il pouvoit avoir*
dans ce qui vient d'arriver ; &
fans doute il alloit forger quelque excellente impofture , lors
que le mary fans luy donner loifir
de s'expliquer , épouventé de fon
effronterie , *le chaffe de fa maifon,*
& luy commande d'en fortir. Comme Panulphe voit que ces charmes ordinaires ont perdu leur
vertu , fachant bien que quand

une fois on est revenu de ces en-
têtemens extremes , on n'y re-
tombe jamais : & pour cela mesme voyant bien qu'il n'y a plus
d'esperance pour luy , il change
de batterie , & sans pourtant sortir de son personnage naturel de
Devot , dont il voit bien dés là
qu'il aura extremement besoin
dans la grande affaire qu'il va entreprendre ; mais seulement comme justement irrité de l'outrage
qu'on fait à son innocence , il
répond à ces menaces par d'autres plus fortes , & dit que *c'est à
eux à vuider la maison dont il est le
maitre* en vertu de la donation
dont il a esté parlé ; & les quit-
tant là-dessus, les laisse dans le
plus grand de tous les étonne-
mens, qui augmente encore lors
que le bon homme se souvient
d'une certaine cassette , dont

il témoigne d'abord estre en extreme peine , sans dire ce que c'est , étant trop pressé d'aller voir si elle est encore dans un lieu qu'il dit ; il y court, & sa femme le suit.

Le cinquieme Acte commence par le Mary & le Frere : le premier étourdi de n'avoir point trouvé cette cassette, dit qu'elle est de grande consequence, & que *la vie, l'honneur & la fortune de ses meilleurs amis, & peuteftre la sienne propre, dependent des papiers qui sont dedans.* Interrogé pourquoy il l'avoit confiée à Panulphe , il répond que c'est encore *par principe de conscience ;* que Panulphe luy fit entendre que *si on venoit à luy demander ces papiers, comme tout se fait, il seroit contraint de nier de les avoir pour ne pas trahir*

ses amis ; que pour eviter ce menson-
ge, il n'avoit qu'à les remettre dans
ses mains, où ils seroient autant dans
sa disposition qu'auparavant, aprés
quoy il pouroit sans scrupule nier
hardiment de les avoir. Enfin le
Bonhomme explique merveilleusement à son Beaufrere par
l'exemple de cette affaire, de
quelle maniere les Bigots savent
interesser la conscience dans tout
ce qu'ils font & ne font pas,
& étendre leur empire par cette
voie jusqu'aux choses les plus im-
portantes & les plus eloignées de
leur profession.

Le Frere fait dans ces perple-
xitez le personnage d'un veritable honnête homme, qui songe
à reparer le mal arrivé, & ne s'a-
muse point à le reprocher à ceux
qui l'ont causé, comme font la
plûpart des gens, sur tout quand

par hazard ils ont prevû ce qu'ils voyent. Il examine murement les choses, & conclut à la desola-tion commune, que *le fourbe étant armé de toutes ces differentes pieces regulierement, peut les perdre de toute maniere*, & que c'est une affaire sans resource. Sur cela le Ma-ry s'emporte pitoyablement, & conclut par un raisonnement or-dinaire aux gens de sa sorte, *qu'il ne se fiera jamais en homme de bien.* Ce que son Beaufrere releve ex-cellemment, en luy remontrant *sa mauvaise disposition d'esprit, qui luy fait juger de tout avec excés, & l'empêche de s'arrêter jamais dans le juste milieu, dans lequel seul se trou-ve la justice, la raison & la verité: que de mesme que l'estime & la consi-deration qu'on doit avoir pour les ve-ritables gens de bien, ne doit point passer jusqu'aux méchans qui savent* se couvrir de quelque apparence de vertu ; ainsi l'horreur qu'on doit avoir pour les méchans & pour les hypocrites, ne doit point faire de tort aux veritables gens de bien, mais au contraire doit augmenter la veneration qui leur est düe, quand on les connoit parfaitement. Là-dessus la Vieille arrive, & tous les autres. Elle demande d'abord *quel bruit c'est qui court d'eux par le monde ?* Son Fils répond que c'est que *Monsieur Panulphe le veut chasser de chez luy, & le dépouiller de tout son bien, parce qu'il l'a surpris caressant sa femme.* La Suivante sur cela, qui n'est pas si honnête que le Frere, ne peut s'empêcher de s'écrier, *Le pauvre homme !* comme le Mary faisoit au premier Acte touchant le mesme Panulphe. La Vieille encore entêtée du saint personnage, n'en veut rien croire , & fur cela enfile un long lieu commun *de la médifance & des méchantes langues.* Son Fils luy dit qu'*il l'a vû,* & que ce n'eft pas un ouï dire. La Vieille qui ne l'écoute pas, & qui eft charmée de la beauté de fon lieu commun, ravie d'avoir une occafion illuftre comme celle-là , de le pouffer bien loin, continue fa legende , & cela tout par les manieres ordinaires aux gens de cet âge , des proverbes , des apophtegmes , des dictons du vieux tems , des exemples de fa jeuneffe , & des citations de gens qu'elle a connus. Son Fils a beau fe tuer de luy repeter qu'*il l'a vû;* elle qui ne penfe point à ce qu'il luy dit, mais feulement à ce qu'elle veut dire , ne s'ecarte point de fon premier chemin : fur quoy la Suivante encore mali-

cieusement comme il convient à
ce personnage , mais pourtant
fort moralement , dit au Mary ,
qu'il est puni selon ses merites ; &
que comme il n'a point voulu croire
lontems ce qu'on luy disoit , on ne
veut point le croire luymesme à present sur le mesme sujet. Enfin la
Vieille forcée de prêter l'oreille
pour un moment , répond en s'o-
piniâtrant, que quelquefois il faut
tout voir pour bien juger ; que l'intention est cachée ; que la passion pré-
occupe , & fait paroistre les choses autrement qu'elles ne sont , & qu'enfin
il ne faut pas toûjours croire tout ce
qu'on voit ; qu'ainsi il faloit s'assu-
rer mieux de la chose avant que de
faire éclat : sur quoy son Fils s'emportant luy repart brusquement ,
qu'elle voudroit donc qu'il eust attendu pour éclater, que Panulphe eusse
. . . . . vous me feriez dire quelque

sotise. Maniere admirablement
naturelle, de faire entendre avec
bienseance une chose aussi delicate que celle-là.

Le pauvre homme seroit encore à present que je croy à persuader sa mere de la verité de ce
qu'il luy dit, & elle à le faire enrager, si quelqu'un n'heurtoit à
la porte. C'est un homme qui, à
la maniere obligeante, honnête,
caressante & civile dont il aborde la compagnie, soy disant venir
de la part de Monsieur Panulphe,
semble estre là pour demander
pardon, & accommoder toutes
choses avec douceur, bien loin
d'y estre pour sommer toute la
famille dans la personne du chef,
de vuider la maison au plutôt:
car enfin comme il se declare luymesme, *il s'appelle Loyal, & depuis
trente ans il est sergent à verge en*

dépit de l'envie. Mais tout cela, comme j'ay dit, avec le plus grand respect & la plus tendre amitié du monde. Ce personnage est un supplément admirable du caractere bigot, & fait voir comme il en est de toutes professions, & qui sont liez ensemble bien plus étroitement que ne le font les gens de bien ; parce qu'étant plus interessez, ils considerent davantage, & connoissent mieux combien ils se peuvent estre utiles les uns aux autres dans les occasions : ce qui est l'ame de la cabale. Cela se voit bien clairement dans cette Scene ; car cet homme qui a tout l'air de ce qu'il est, c'est à dire du plus rafiné fourbe de sa profession ; ce qui n'est pas peu de chose : cet homme, dis-je, y fait l'acte du monde le plus sanglant, avec toutes les

façons qu'un homme de bien
pourroit faire le plus obligeant ;
& cette deteſtable maniere ſert
encore au but des Panulphes,
pour ne ſe faire point d'affaires
nouvelles, & au contraire mettre
les autres dans le tort par cette
conduite ſi honnête en apparence, & ſi barbare en effet. Ce caractere eſt ſi beau, que je ne ſau-
rois en ſortir ; auſſi le Poëte, pour
le faire jouër plus lontems, a em-
ployé toutes les adreſſes de ſon
art. Il fait luy dire pluſieurs choſes d'un ton & d'une force differente par les diverſes perſonnes
qui compoſent la compagnie,
pour le faire répondre à toutes ſelon ſon but ; meſme pour le faire
davantage parler, il le fait pro-
poſer & offrir une eſpece de grace, qui eſt un delay d'execution,
mais accompagné de circonſtan-
ces

ces plus choquantes que ne seroit un ordre abſolu. Enfin il ſort,
& à peine la Vieille s'eſt-elle é-
criée , *Ie ne ſay plus que dire, &*
ſuis toute ebaubie , & les autres
ont-ils fait reflexion ſur leur a-
vanture, que Valere l'amant de
Mariane entre & donne avis au
mary , que *Panulphe par le moyen*
des papiers qu'il a entre les mains,
l'a fait paſſer pour criminel d'Etat
prés du Prince ; qu'il fait cette nou-
velle par l'Officier meſme qui a ordre
de l'arrêter, lequel a bien voulu luy
rendre ce ſervice que de l'en avertir;
que ſon caroſſe eſt à la porte avec
mille louïs pour prendre la fuite.
Sans autre deliberation on oblige le mari à le ſuivre ; mais comme ils ſortent, ils rencontrent Panulphe avec l'Officier , qui les
arrêtent. Chacun éclate contre
l'Hypocrite en reproches de di-

verses manieres, à quoy étant
preſſé il répond que *la fidelité qu'il
doit au Prince eſt plus forte ſur luy
que toute autre conſideration.* Mais
le Frere de la Dame repliquant à
cela, & luy demandant *pourquoy
ſi ſon Beaufrere eſt criminel, il a attendu pour le déferer, qu'il l'eût ſurpris voulant corrompre la fidelité de
ſa femme?* Cette attaque le mettant hors de defenſe, il prie l'Officier *de le delivrer de toutes ces
criailleries, & de faire ſa charge.*
Ce que l'autre luy accorde, mais
en le faiſant priſonnier luymeſme.
Dequoy tout le monde étant ſurpris, l'Officier rend raiſon, &
cette raiſon eſt le dénouëment.
Avant que je vous le declare,
permettez-moy de vous faire remarquer, que l'eſprit de tout cet
Acte, & ſon ſeul effet & but juſqu'icy n'a été que de repreſenter

les affaires de cette pauvre famille dans la derniere defola-
tion par la violence & l'impudence de l'Impofteur, jufques là
qu'il paroit que c'eft une affaire fans refource dans les for-
mes ; de forte qu'à moins de
quelque Dieu qui y mette la
main, c'eftadire de la Machine,
comme parle Ariftote , tout eft
deploré.

L'Officier declare donc que *le
Prince ayant penetré dans le cœur du
fourbe par une lumiere toute particuliere aux Souverains pardeffus les
autres hommes , & s'étant informé
de toutes chofes fur fa delation , avoit
découvert l'impofture , & reconnu que
cet homme étoit le mefme , dont fous
un autre nom il avoit déja ouï parler ,
& favoit une longue hiftoire toute
tiffue des plus étranges friponneries
& des plus noires avantures dont il*

ait jamais été parlé : que nous vivons
sous un regne, où rien ne peut écha-
per à la lumiere du Prince, où la calomnie est confondue par sa seule presence, & où l'hypocrisie est autant en
horreur dans son esprit, qu'elle est ac-
creditée parmy ses sujets ; que cela
étant, il a d'autorité absolue annullé
tous les actes favorables à l'Imposteur, & fera rendre tout ce dont il
étoit saisi ; & qu'enfin c'est ainsi qu'il
reconnoit les services que le bon homme a rendus autrefois à l'Etat dans
les armées , pour montrer que rien
n'est perdu prés de luy, & que son
equité , lors que moins on y pense,
des bonnes actions donne la recompen-
se. Il me semble que si dans tout
le reste de la piece l'Auteur a ega-
lé tous les anciens, & surpassé
tous modernes, on peut dire
que dans ce dénoüement il s'est
surpassé luymesme, n'y ayant rien

de plus grand, de plus magnifi-
que & de plus merveilleux, & cependant rien de plus naturel, de
plus heureux & de plus juſte,
puiſqu'on peut dire, que s'il étoit
permis d'oſer faire le caractere de
l'ame de notre grand Monarque,
ce ſeroit ſans doute dans cette
plenitude de lumiere, cette pro-
digieuſe penetration d'eſprit, &
ce diſcernement merveilleux de
toutes choſes, qu'on le feroit
conſiſter: Tant il eſt vray, s'é-
crient icy ces Meſſieurs dont j'ay
pris à tâche de vous rapporter les
ſentimens : tant il eſt vray, di-
ſent-ils, que le Prince eſt digne
du Poëte, comme le Poëte eſt
digne du Prince.

Achevons notre piece en deux
mots, & voyons comme les caracteres y ſont produits dans toutes
leurs faces. Le Mary voyant tou-

tes chofes changées, fuivant le naturel des ames foibles, infulte au miferable Panulphe; mais fon Beaufrere le reprend fortement, *en fouhaitant au contraire à ce malheureux qu'il faffe un bon ufage de ce revers de fortune; & qu'au lieu des punitions qu'il merite, il reçoive du Ciel la grace d'une veritable penitence qu'il n'a pas meritée.* Conclufion, à ce que difent ceux que les bigots font paffer pour athées, digne d'un ouvrage fi faint, qui n'étant qu'une inftruction tres chrêtienne de la veritable devotion, ne devoit pas finir autrement que par l'exemple le plus parfait qu'on ait peutêtre jamais propofé, de la plus fublime de toutes les Vertus evangeliques, qui eft le pardon des ennemis.

Voila, Monſieur, quelle eſt la
piece qu'on a defenduë; il ſe peut
faire qu'on ne voit pas le venin
parmy les fleurs; & que les yeux
des Puiſſances ſont plus épurez
que ceux du vulgaire : ſi cela eſt,
il ſemble qu'il eſt encor de la
charité des religieux perſecu-
teurs du miſerable Panulphe, de
faire diſcerner le poiſon que les
autres avalent faute de le connoitre ; à cela prés, je ne me mêle
point de juger des choſes de cette
delicateſſe, je crains trop de me
faire des affaires comme vous ſa-
vez, c'eſt pourquoy je me con-
tenteray de vous communiquer
deux reflexions qui me ſont ve-
nuës dans l'eſprit, qui ont peutêtre été faites par peu de gens, &
qui ne touchant point le fond de
la queſtion, peuvent être propo-
ſées ſans manquer au reſpect que

tous les gens de bien doivent a-
voir pour les jugemens des Puissances legitimes.

La premiere est sur l'étrange
disposition d'esprit touchant cette Comedie, de certaines gens,
qui supposant ou croyant de bonne foy, qu'il ne s'y fait ny dit rien
qui puisse en particulier faire aucun méchant effet; ce qui est le
point de la question; la condam-
nent toutefois en general, à cause
seulement qu'il y est parlé de la
Religion, & que le Theatre, disent-ils, n'est pas un lieu où il
la faille enseigner.

Il faut être bien enragé contre
Moliere, pour tomber dans un
égarement si visible; & il n'est
point de si chetif lieu commun,
où l'ardeur de critiquer & de
mordre ne se puisse retrancher,

aprés avoir ofé faire fon fort
d'une fi miferable & fi ridicule
defenfe. Quoy, fi on produit la
Verité avec toute la dignité qui
doit l'accompagner par tout : fi
on a prévû & evité jufqu'aux effets les moins fâcheux qui pou-
voient arriver, mefme par acci-
dent, de la peinture du vice : fi on
a pris, contre la corruption des
efprits du fiecle, toutes les precau-
tions qu'une connoiffance parfaite de la faine Antiquité, une veneration folide pour la Religion,
une meditation profonde de la
nature de l'ame, une experience
de plufieurs années, & qu'un tra-
vail effroyable ont pû fournir ; il
fe trouvera aprés cela des gens
capables d'un contrefens fi horrible, que de profcrire un ouvrage, qui eft le refultat de tant
d'excellens preparatifs, par cette

seule raison, qu'il est nouveau de voir exposer la Religion dans une sale de Comedie, pour bien, pour dignement, pour discretement, necessairement & utilement qu'on le fasse. Ie ne feins pas de vous avouër, que ce sentiment me paroit un des plus considerables effets de la corruption du siecle où nous vivons : c'est par ce principe de fausse bienseance, qu'on relegue la Raison & la Verité dans des païs barbares & peu frequentez, qu'on les borne dans les Ecoles & dans les Eglises, où leur puissante vertu est presque inutile, parce qu'elles n'y sont cherchées que de ceux qui les aiment & qui les connoissent ; & que comme si on se défioit de leur force & de leur autorité, on n'ose les commettre où elles peuvent rencontrer leurs ennemis. C'est pourtant là qu'elles doivent paroitre ; c'est dans les lieux les plus profanes, dans les places publiques, les tribunaux, les palais des Grands seulement, que se trouve la matiere de leur triomphe : & comme elles ne sont, à proprement parler, Verité & Raison, que quand elles convainquent les esprits, & qu'elles en chassent les tenebres de l'erreur & de l'ignorance par leur lumiere toute divine, on peut dire que leur essence consiste dans leur action ; que ces lieux où leur operation est le plus necessaire, sont leurs lieux naturels ; & qu'ainsi c'est les détruire en quelque façon, que les reduire à ne paroitre que parmy leurs adorateurs. Mais passons plus avant.

Il est certain que la Religion n'est que la perfection de la Raison, du moins pour la Morale; qu'elle la purifie, qu'elle l'éleve, & qu'elle diſſipe ſeulement les tenebres que le peché d'origine a répandues dans le lieu de ſa demeure : enfin que la Religion n'eſt qu'une Raiſon plus parfaite. Ce ſeroit être dans le plus deplorable aveuglement des Payens, que de douter de cette verité. Cela étant, & puiſque les Philoſophes les plus ſenſuels n'ont jamais douté que la Raiſon ne nou fût donnée par la Nature, pour nous conduire en toutes choſes par ſes lumieres ; puiſqu'elle doit être partout auſſi preſente à notre ame, que l'œil à notre corps, & qu'il n'y a point d'acceptions de perſonnes, de tems ny de lieux auprés d'elle : qui peut douter qu'il n'en ſoit de même de la Religion, que cette

lu-

lumiere divine, infinie comme elle eſt par eſſence, ne doive faire briller par tout ſa clarté: & qu'ainſi que Dieu remplit tout de luymême, ſans aucune diſtinction, & ne dédaigne pas d'être auſſi preſent dans les lieux du monde les plus infames, que dans les plus auguſtes & les plus ſacrez; auſſi les veritez ſaintes qu'il luy a plu de manifeſter aux hommes, ne puiſſent être publiées dans tous les tems & dans tous les lieux où il ſe trouve des oreilles pour les entendre, & des cœurs pour recevoir la grace qui fait les cherir?

Loin donc, loin d'une ame vraiment chrêtienne ces indignes ménagemens & ces cruelles bienſeances, qui voudroient nous empêcher de travailler à la ſanctification de nos freres par tout où nous le pouvons : la charité ne souffre point de bornes ; tous lieux, tous tems luy font bons pour agir & faire du bien : elle n'a point d'égard à fa dignité, quand il y va de fon intereft ; & comment pouroit-elle en avoir, puifque cet intereft confiftant, comme il fait, à convertir les méchans, il faut qu'elle les cherche pour les combattre, & qu'elle ne peut les trouver pour l'ordinaire, que dans des lieux indignes d'elle ?

Il ne faut pas donc qu'elle dedaigne de paroitre dans ces lieux, & qu'elle ait fi mauvaife opinion d'elleméme, que de penfer qu'elle puiffe être avilie en s'humiliant. Les Grands du monde peuvent avoir ces baffes confiderations, eux de qui toute la dignité eft empruntée & relative ;

& qui ne doivent être vûs que de loin & dans toute leur parure, pour conserver leur autorité, de peur qu'étant vûs de prés & à nu, on ne découvre leurs taches, & qu'on ne reconnoisse leur petitesse naturelle : qu'ils ménagent avec avarice le foible caractere de grandeur qu'ils peuvent avoir; qu'ils choisissent scrupuleusement les jours qui le font davantage briller; qu'ils se gardent bien de se commettre jamais en des lieux qui ne contribuënt pas à les faire paroitre elevez & parfaits; à la bonne heure : mais que la Charité redoute les mêmes inconveniens ; que cette Souveraine des ames chrêtiennes apprehende de voir sa dignité diminuée en quelque lieu qu'il lui plaise de se montrer, c'est ce qui ne se peut penser sans crime : &

comme on a dit autrefois, que plutôt que Caton fût vicieux, l'ivrognerie seroit une vertu; on peut dire avec bien plus de raison, que les lieux les plus infames seroient dignes de la presence de cette Reine, plutôt que sa presence dans ces lieux pût porter aucune atteine à sa dignité.

En effet, Monsieur; car ne croyez pas que j'avance ici des paradoxes; c'est elle qui les rend dignes d'elle ces lieux si indignes en euxmêmes: elle fait, quand il lui plait, un temple d'un palais, un sanctuaire d'un theatre, & un sejour de benedictions & de graces d'un lieu de débauche & d'abomination. Il n'est rien de si profane qu'elle ne sanctifie, de si corrompu qu'elle ne purifie, de si méchant qu'elle ne rectifie, rien de si extraordinaire, de si inusité & de si nouveau qu'elle ne justifie. Tel est le privilege de la Verité produite par cette Vertu le fondement & l'ame de toutes les autres Vertus.

Ie sai que le principe que je pretens établir a ses modifications comme tous les autres; mais je soutiens qu'il est toujours vrai & constant, quand il ne s'agit que de parler comme ici. La Religion a ses lieux & ses tems affectez pour ses sacrifices, ses ceremonies & ses autres mysteres; on ne peut les transporter ailleurs sans crime: mais ses veritez qui se produisent par la parole, sont de tous tems & de tous lieux; parce que le parler étant necessaire en tout & par tout, il est toujours plus utile & plus saint de l'employer à publier la verité & à prêcher la vertu, qu'à quelqu'autre fujet que ce foit.

L'Antiquité fi fage en toutes chofes, ne l'a pas été moins dans celle-ci que dans les autres ; & les Payens, qui n'avoient pas moins de refpect pour leur Religion, que nous en avons pour la nôtre, n'ont pas craint de la produire fur leurs theatres : au contraire connoiffant de quelle importance il étoit de l'imprimer dans l'efprit du peuple, ils ont crû fagement ne pouvoir mieux lui en perfuader la verité, que par les fpectacles qui lui font fi agreables. C'eft pour cela que leurs Dieux paroiffent fi fouvent fur la Scene ; que les denoüemens qui font les endroits les plus importans du Poëme, ne fe faifoient préfque jamais de leur tems, que par quelque Divinité ; & qu'il n'y avoit point de piece qui ne

fût une agreable leçon, & une
preuve exemplaire de la clemen-
ce ou de la justice du Ciel envers
les hommes. Ie sai bien qu'on
me répondra, que nôtre Religion
a des occasions affectées pour cet
effet, & que la leur n'en avoit
point : mais outre qu'on ne sauroit ecouter la Verité trop souvent & en trop de lieux, l'agreable maniere de l'insinuer au theatre est un avantage si grand par
dessus les lieux où elle paroit avec
toute son austerité, qu'il n'y a
pas lieu de douter, naturellement
parlant, dans lequel des deux elle
fait plus d'impression.

Ce fut pour toutes ces raisons
que nos peres, dont la simplicité
avoit autant de rapport avec l'E-
vangile, que nôtre rafinement en
est eloigné, voulant profiter à l'e-
dification du peuple de son incli-

nation naturelle pour les fpectacles, inftituerent premierement
la Comedie, pour reprefenter la
Paffion du Sauveur du monde, &
femblables fujets pieux. Que fi
la corruption qui s'eft gliffée dans
les mœurs depuis ce tems heureux, a paffé jufqu'au Theatre,
& l'a rendu auffi profane qu'il devoit être facré; pourquoi, fi nous
fommes affez heureux pour que
le Ciel ait fait naitre dans nos
tems quelque genie capable de
lui rendre fa premiere fainteté,
pourquoi l'empêcherons-nous,
& ne permettrons-nous pas une
chofe que nous procurerions a-
vec ardeur, fi la charité regnoit
dans nos ames, & s'il n'y avoit
pas tant de befoin qu'il y en a
aujourd'hui parmi nous, de dé-
crier l'hypocrifie, & de prêcher
la veritable devotion?

La seconde de mes reflexions
est sur un fruit veritablement ac-
cidentel, mais aussi tres important, que non seulement je croi
qu'on peut tirer de la representation de l'Imposteur, mais même qui en arriveroit infaillible-
ment. C'est que jamais il ne s'est
frappé un plus rude coup contre
tout ce qui s'appelle galanterie
solide en termes honnêtes , que
cette piece ; & que si quelque
chose est capable de mettre la fidelité des mariages à l'abri des
artifices de ses corrupteurs, c'est
assurément cette Comedie ; parce que les voies les plus ordinaires & les plus fortes par où on a
coutume d'attaquer les femmes ,
y sont tournées en ridicule d'une
maniere si vive & si puissante ,
qu'on paroitroit sans doute ridicule , quand on voudroit les em-

ployer aprés cela ; & par consequent on ne reüssiroit pas.

Quelquesuns trouveront peutêtre étrange ce que j'avance ici ;
mais je les prie de n'en pas juger
souverainement, qu'ils n'ayent
vû representer la piece, ou du
moins de s'en remettre à ceux qui
l'ont vûe : car bien loin que ce
que je viens d'en rapporter suffise
pour cela, je doute même si sa le-
cture toute entiere pouroit faire
juger tout l'effet que produit
sa representation. Ie sai encor
qu'on me dira, que le vice dont
je parle, êtant le plus naturel de
tous, ne manquera jamais de
charmes capables de surmonter
tout ce que cette Comedie y pouroit attacher de ridicule : mais je
répons à cela deux choses ; l'une,
que dans l'opinion de tous les
gens qui connoissent le monde,

ce peché , moralement parlant, est le plus universel qu'il puisse être ; l'autre, que cela procede beaucoup plus , sur tout dans les femmes , des mœurs, de la liberté & de la legereté de nôtre nation , que d'aucun panchant naturel , étant certain que de toutes les civilisées il n'en est point qui y soit moins portée par le temperament que la Françoise : cela supposé , je suis persuadé que le degré de ridicule où cette piece feroit paroître tous les entretiens & les raisonnemens, qui font les preludes naturels de la galanterie du tête à tête , qui est la dangereuse; je pretens, dis-je, que ce caractere de ridicule , qui seroit inseparablement attaché à ces voies & à ces acheminemens de corruption , par cette representation , seroit assez puissant & assez fort pour contrebalancer l'attrait qui fait donner dans le panneau les trois parts des femmes qui y donnent.

C'est ce que je vous ferai voir plus clair que le jour, quand vous voudrez : car comme il faut pour cela traiter à fond du Ridicule, qui est une des plus sublimes matieres de la veritable Morale, & que cela ne se peut sans quelque longueur, & sans examiner des questions un peu trop speculatives pour cette Lettre ; je ne pense pas devoir l'entreprendre ici. Mais il me semble que je vous voi plaindre de ma circonspection à vôtre accoutumée, & trouver mauvais que je ne vous dise pas absolument tout ce que je pense : il faut donc vous contenter toutafait ; & voici ce que vous demandez.

Quoique

Quoique la Nature nous ait fait naitre capables de connoitre la Raison pour la suivre, pourtant jugeant bien que si elle n'y attachoit quelque marque sensible, qui nous rendît cette connoissance facile, nôtre foiblesse & nôtre paresse nous priveroient de l'effet d'un si rare avantage ; elle a voulu donner à cette Raison quelque sorte de forme exterieure & de dehors reconnoissable. Cette forme est en general quelque motif de joie, & quelque matiere de plaisir que nôtre ame trouve dans tout objet moral. Or ce plaisir, quand il vient des choses raisonnables, n'est autre que cette complaisance delicieuse, qui est excitée dans nôtre esprit par la connoissance de la Verité & de la Vertu : & quand il vient de la vûe de l'ignorance & de l'erreur,

c'eftadire de ce qui manque de
Raifon, c'eft proprement le fentiment par lequel nous jugeons
quelque chofe ridicule. Or comme la Raifon produit dans l'ame
une joie mêlée d'eftime, le Ridicule y produit une joie mêlée de
mépris ; parceque toute connoiffance qui arrive à l'ame, produit
neceffairement dans l'entendement un fentiment d'eftime ou
de mépris, comme dans la volonté un mouvement d'amour ou
de haine.

Le Ridicule eft donc la forme
exterieure & fenfible que la providence de la Nature a attaché
à tout ce qui eft déraifonna-
ble, pour nous en faire appercevoir, & nous obliger à le fuir.
Pour connoitre ce Ridicule il
faut connoitre la Raifon dont il
fignifie le defaut, & voir en quoi

elle confiste. Son caractere n'eft autre dans le fond, que la convenance, & fa marque fenfible la bienfeance, c'eftadire le fameux *quod decet* des anciens : de forte que la bienfeance eft à l'égard de la convenance, ce que les Platoniciens difent que la beauté eft à l'égard de la bonté, c'eftadire qu'elle en eft la fleur, le dehors, le corps & l'apparence exterieure ; que la bienfeance eft la raifon apparente, & que la convenance eft la raifon effentielle. Delà vient que ce qui fied bien eft toujours fondé fur quelque raifon de convenance, comme l'indecence fur quelque difconvenance, c'eftadire le Ridicule fur quelque manque de Raifon. Or fi la difconvenance eft l'effence du Ridicule, il eft aifé de voir pourquoi la galanterie de

Panulphe paroit ridicule , & l'hypocrifie en general auffi; car ce
n'eft qu'à caufe que les actions fe-
cretes des bigots ne conviennent
pas à l'idée que leur devote gri-
mace , & l'aufterité de leurs difcours a fait former d'eux au public.

Mais quand cela ne fuffiroit
pas, la fuite de la reprefentation
met dans la derniere evidence ce
que je dis : car le mauvais effet
que la galanterie de Panulphe y
produit, le fait paroitre fi fort & fi
clairement ridicule , que le Spectateur le moins intelligent en
demeure pleinement convaincu.
La raifon de cela eft , que felon
mon principe nous eftimons Ridicule ce qui manque extremement de Raifon : or quand des
moyens produifent une fin fort
differente de celle pour quoi on

les employe, nous supposons avec
juste sujet, qu'on en a fait le
choix avec peu de raison ; parce
que nous avons cette prevention
generale, qu'il y a des voies par
tout, & que quand on manque
de reüssir, c'est faute d'avoir
choisi les bonnes. Ainsi parce
qu'on voit que Panulphe ne per-
suade pas sa Dame, on conclut
que les moyens dont il se sert ont
une grande disconvenance avec
sa fin, & par consequent qu'il est
ridicule de s'en servir.

Or non seulement la galanterie de Panulphe ne convient pas
à sa mortification apparente, &
ne fait pas l'effet qu'il pretend ; ce
qui le rend ridicule, comme vous
venez de voir : mais cette galanterie est extreme, aussibien que
cette mortification, & fait le plus
méchant effet qu'elle pouvoit

faire ; ce qui le rend extremement ridicule , comme il étoit
neceſſaire pour en tirer le fruit
que je pretens.

Vous me direz qu'il paroit bien
par tout ce que je viens de dire ,
que les raiſonnemens & les manieres de Panulphe ſemblent ridicules , mais qu'il ne s'enſuit pas
qu'elles le ſemblaſſent dans un
autre ; parceque, ſelon ce que j'ai
établi , le Ridicule étant quelque
choſe de relatif, puiſque c'eſt une
eſpece de diſconvenance, la raiſon pourquoi ces manieres ne
conviennent pas à Panulphe ,
n'auroit pas lieu dans un homme
du monde qui ne ſeroit pas devot
de profeſſion comme lui , & par
conſequent elles ne ſeroient pas
ridicules dans cet homme comme dans lui.

Ie répons à cela, que l'excés de

Ridicule que ces manieres ont dans Panulphe, fait que toutes les fois qu'elles se presenteront au Spectateur dans quelqu'autre occasion, elles lui sembleront assurément ridicules, quoique peutêtre elles ne le seront pas tant dans cet autre sujet que dans Panulphe : mais c'est que l'ame, naturellement avide de joie, se laisse ravir necessairement à la premiere vûe des choses qu'elle a conçûes une fois comme extremement ridicules, & qui lui rafraichissent l'idée du plaisir tres sensible qu'elle a goûté cette premiere fois : or dans cet état l'ame n'est pas capable de faire la difference du sujet où elle voit ces objets ridicules, avec celui où elle les a premierement vûs. Ie veux dire qu'une femme qui sera pressée par les mêmes raisons que Panulphe employe , ne peut s'empêcher d'abord de les trouver ridicules, & n'a garde de faire reflexion fur la difference qu'il y a entre l'homme qui lui parle & Panulphe, & de raifonner fur cette difference, comme il faudroit qu'elle fît, pour ne pas trouver ces raifons auffi ridicules qu'elles lui ont femblé, quand elle les a vû propofer à Panulphe.

La raifon de cela eft que nôtre imagination qui eft le receptacle naturel du Ridicule, felon fa maniere ordinaire d'agir, en attache fi fortement le caractere au materiel dans quoi elle voit, comme font ici les paroles & les manieres de Panulphe, qu'en quelqu'autre lieu quoique plus decent, que nous trouvions ces mêmes manieres, nous fommes d'abord fra-

pez d'un souvenir de cette premiere fois, si elle a fait une impression extraordinaire, lequel se
mêlant mal à propos avec l'occasion presente, & partageant
l'ame à force de plaisir qu'il lui
donne, confond les deux occasions en une, & transporte dans
la derniere tout ce qui nous a
charmez & nous a donné de la
joie dans la premiere ; ce qui
n'est autre que le Ridicule de
cette premiere.

Ceux qui ont étudié la nature
de l'ame, & le progrés de ses ope-
rations morales, ne s'étonneront
pas de cette forme de proceder
si irreguliere dans le fond , &
qu'elle prenne ainsi le change, &
attribue de cette sorte à l'un
ce qui ne convient qu'à l'autre :
mais enfin c'est une suite necessaire de la violente & forte im-

preſſion qu'elle a reçûe une fois
d'une choſe, & de ce qu'elle ne
reconnoit d'abord & ne juge les
objets que par la premiere apparence de reſſemblance qu'ils ont
avec ce qu'elle a connu auparavant, & qui frappe d'abord les
ſens.

Cela eſt ſi vrai, & telle eſt la
force de la prevention, que je
croirois prouver ſuffiſamment ce
que je pretens, en vous faiſant
ſimplement remarquer, que les
raiſonnemens de Panulphe, qui
ſont les moyens qu'il employe
pour venir à ſon but, étant im-
primez dans l'eſprit de quicon-
que a vû cette piece, comme ridicules, ainſi que je l'ai prouvé,
& par conſequent comme mauvais moyens; naturellement parlant, toute femme prés de qui
on voudra les employer aprés ce-

la , les rendra inutiles en y refi-
ftant , par la feule prevention où
cette piece l'aura mife, qu'ils font
inutiles en euxmêmes.

Que fi pourtant malgré tout ce
que je viens de dire , on veut que
l'ame aprés le premier mouvement qui lui fait embraffer avec
empreffement la plus legere ima-
ge de Ridicule , revienne à foi ,
& faffe à la fin la difference des
fujets ; du moins m'avoüerez-
vous , que ce retour ne fe fait pas
d'abord ; qu'elle a befoin d'un
tems confiderable pour faire tout
le chemin qu'il faut qu'elle faffe
pour fe defabufer de cette premiere impreffion ; & qu'il eft
quelques inftans , où la vûe d'un
objet qui a paru extremement ridicule dans quelqu'autre lieu ,
le reprefente encor comme tel ,
quoique peutêtre il ne le foit pas
dans celui-ci.

Or ces premiers inſtans ſont de grande conſideration dans ces matieres, & font preſque tout l'effet que feroit une extreme durée ; parcequ'ils rompent toujours la chaine de la paſſion & le cours de l'imagination, qui doit tenir l'ame attachée dés le commencement juſqu'au bout d'une entrepriſe amoureuſe, afin qu'elle reüſſiſſe : & parceque le ſentiment du Ridicule étant le plus froid de tous, amortit & éteint abſolument cette agreable emotion & cette douce & benigne chaleur qui doit animer l'ame dans ces occaſions. Que le ſentiment du Ridicule ſoit le plus froid de tous, il paroit bien, parceque c'eſt un pur jugement plaiſant & enjoüé d'une choſe propoſée : or il n'eſt rien de plus ſerieux que tout ce qui a quelque

tein-

teinture de paſſion ; donc il n'y a
rien de plus oppoſé au ſentiment
paſſionné d'une joie amoureuſe,
que le plaiſir ſpirituel que donne
le Ridicule.

Si je cherchois matiere à phi-
loſopher , je pourois vous dire
pour achever de vous convaincre de l'importance des premiers
inſtans en matiere de Ridicule,
que l'extreme attachement de
l'ame pour ce qui lui donne du
plaiſir, comme le Ridicule des
choſes qu'elle voit, ne lui permet pas de raiſonner pour ſe pri-
ver de ce plaiſir , & par conſequent qu'elle a une repugnance
naturelle à ceſſer de conſiderer
comme Ridicule , ce qu'elle a
une fois conſideré comme tel : &
c'eſt peutêtre pour cette raiſon
que , comme il arrive ſouvent ,
nous ne ſaurions traiter ſerieuſe-

K

ment de certaines chofes , pour
les avoir d'abord envifagées de
quelque côté ou ridicule , ou feulement qui a rapport à quelque
idée de ridicule que nous avions ,
& qui nous l'a rafraîchie : combien donc à plus forte raifon cette premiere impreffion fait-elle
le même effet dans les occafions
auffi ferieufes que celles-ci ; Car,
comme je viens de le remarquer,
il ne faut point dire que ce foient
des affaires à être traitées en
riant, n'y ayant rien de plus fe-
rieux que ces fortes d'entreprifes;
ce que je veux bien repeter , parcequ'il eft fort important pour
mon but, & rien qui foit plutôt
demonté par le moindre mélange
de ridicule , comme les experts
le peuvent témoigner : & tout
cela parceque le fentiment du
Ridicule eft le plus choquant, le

plus rebutant, & le plus odieux de tous les sentimens de l'ame.

Mais s'il est generalement desagreable, il l'est particulierement pour un homme amoureux, qui est le cas de nôtre question. Il est peu d'honnêtes gens qui ne soient convaincus par experience de cette verité; aussi est-il bien aisé de la prouver. La raison en est, que comme il n'y a rien qui nous plaise tant à voir en autrui, qu'un sentiment passionné; ce qui est peutêtre le plus grand principe de la veritable Rethorique; aussi n'y a-t-il rien qui déplaise plus que la froideur & l'apathie qui accompagne le sentiment du ridicule, sur tout dans une personne qu'on aime : de sorte qu'il est plus avantageux d'en être haï, parceque quelque passion qu'une femme ait pour vous, elle est toujours favorable, étant toujours une marque que vous estes capable de la toucher, qu'elle vous estime, & qu'elle est bien aise que vous l'aimiez ; au lieu que ne la toucher point du tout, & lui être indifferent, à plus forte raison lui paroitre méprisable pour peu que ce soit, c'est toujours être à son égard dans un neant le plus cruel du monde, quand elle est tout au vôtre : de sorte que pour peu qu'un homme ait de courage, ou d'autre voie ouverte pour revenir à la liberté & à la raison, la moindre marque qu'il aura de paroitre ridicule, le guerira absolument, ou du moins le troublera, & le mettra en desordre, & par consequent hors d'état de pousser une femme à bout pour cette fois, & elle de même en sureté quant à lui ; ce qui est le but de ma reflexion.

Mais non seulement quand l'impression premiere de Ridicule, qui se fait dans l'esprit d'une femme, lorsqu'elle voit les mêmes raisonnemens de Panulphe dans la bouche d'un homme du monde, s'effaceroit absolument dans la suite, par la reflexion qu'elle feroit sur la difference qu'il y a de Panulphe à l'homme qui lui parle : non seulement, dis-je, quand cela arriveroit, cette premiere impression ne laisseroit pas de produire tout l'effet que je pretens, comme je l'ai prouvé ; mais il est même faux qu'elle puisse être effacée entierement, parce que, outre que ces raisonnemens paroissent ridicules, comme je l'ai fait voir, ils le sont en effet, & ont toujours reellement quelque degré de ridicule dans la bouche de qui que ce soit, s'ils n'en ont pas partout un aussi grand que dans Panulphe. La raison de cela est que, si le Ridicule consiste dans quelque disconvenance, il s'en-fuit que tout mensonge, déguisement, fourberie, dissimulation, toute apparence differente du fond, enfin toute contrarieté entre actions qui procedent d'un même principe, est essentielle-ment ridicule. Or tous les galans qui se servent des mêmes persua-sions que Panulphe, sont en quelque degré dissimulez & hypocrites comme lui ; car il n'en est point qui voulût avoüer en public les sentimens qu'il declare en particulier à une femme qu'il veut perdre : ce qu'il faudroit qui fût, pour qu'il fût vrai de dire, que ses sentimens de tête à tête n'ont aucune disconvenance avec ceux dont il fait profession publique, & par consequent aucune indecence, ni aucun ridicule : & le premier fondement de tout cela est ce que j'ai établi dés l'entrée de cette reflexion, que la providence de la Nature a voulu que tout ce qui est méchant eût quelque degré de ridicule, pour redresser nos voies par cette apparence de defaut de Raison, & pour piquer nôtre orgueil naturel, par le mépris qu'excite necessairement ce defaut, quand il est apparent, comme il est par le Ridicule : & c'est delà que vient l'extreme force du Ridicule sur l'esprit humain, comme de cette force procede l'effet que je pretens. Car la connoissance du defaut de Raison d'une chose que nous donne

l'apparence de Ridicule, qui
est en elle, nous fait la mes-
estimer necessairement, parceque nous croyons que la Raison
doit regler tout. Or ce mépris
est un sentiment relatif de même
que toute espece d'orgueil, c'est-
adire qui consiste dans une com-
paraison de la chose mesestimée
avec nous au desavantage de la
personne dans qui nous voyons
cette chose, & à nôtre avantage : car quand nous voyons une
action ridicule, la connoissance
que nous avons du Ridicule de
cette action nous eleve au dessus
de celui qui la fait ; parceque
d'une part personne n'agissant ir-
raisonnablement à son sceu, nous
jugeons que l'homme qui l'a
faite, ignore qu'elle soit dêrai-
on nable, & la croit raisonnable,
donc qu'il est dans l'erreur & dans

l'ignorance, que naturellement
nous estimons des maux; d'ailleurs par cela même que nous
connoissons son erreur, par cela
même nous en sommes exemts :
donc nous sommes en cela plus
éclairez, plus parfaits, enfin plus
que lui. Or cette connoissance
d'être plus qu'un autre, est fort
agreable à la Nature; delà vient
que le mépris qui enferme cette
connoissance, est toujours accompagné de joie : or cette joie
& ce mépris composent le mouvement qu'excite le Ridicule
dans ceux qui le voyent; & comme ces deux sentimens sont fon-
dez sur les deux plus anciennes
& plus essentielles maladies du
genre humain, l'orgueil & la
complaisance dans les maux d'autrui, il n'est pas étrange que le
sentiment du Ridicule soit si

fort, & qu'il ravisse l'ame comme il fait ; elle qui se défiant à bon droit de sa propre excellence depuis le peché d'origine, cherche de tous côtez avec avidité dequoi la persuader aux autres & à soimême par des comparaisons qui lui soient avantageuses, cest-adire par la consideration des defauts d'autrui.

Enfin il ne faut pas pour derniere objection qu'on me dise, que tous les sentimens que j'attribuë aux gens, & sur lesquels je fonde mon raisonnement dans tout ce discours, ne se sentent pas comme je les dis ; car ce n'est que dans les occasions qu'il paroit si on les a, ou non : ce n'est pas qu'alors même on s'apperçoive de les avoir ; mais c'est seulement que l'on fait des actes qui supposent necessairement qu'on

les a ; & c'eſt la maniere d'agir
naturèlle & generale de nôtre
ame , qui ne s'avoüe jamais à ſoi-
même la moitié de ſes propres
mouvemens ; qui marque rare-
ment le chemin qu'elle fait , &
que l'on ne pouroit point marquer auſſi , ſi on ne le découvroit,
& ſi on ne le prouvoit de cette
ſorte par la lumiere & par la force
du raiſonnement.

Voila , Monſieur , la preuve
de ma reflexion ; ce n'eſt pas à
moi à juger ſi elle eſt bonne , mais
je ſai bien que ſi elle l'eſt , l'importance en eſt ſans doute extreme ;
& s'il faut eſtimer les remedes
dautant plus que les maladies
ſont incurables , vous m'avoüerez
que cette Comedie eſt une excellente choſe à cet égard , puiſque tous les autres efforts qui
ſe font contre la galanterie ,

font abfolument vains. En effet
les Predicateurs foudroyent, les
Confeffeurs exhortent , les Pa-
fteurs menacent, les bonnes ames
gemiffent, les parens , les maris
& les maitres veillent fans ceffe,
& font des efforts continuels auffi grans qu'inutiles, pour brider
l'impetuofité du torrent d'impu-
reté qui ravage la France ; & cependant c'eft étre ridicule dans
le monde , que de ne s'y laiffer
pas entrainer ; & les uns ne font
pas moins de gloire d'aimer l'in-
continence , que les autres en
font de la reprendre. Le defordre
ne procede d'autre caufe que de
l'opinion impie où la plufpart des
gens du monde font aujourd'hui,
que ce peché eft moralement indifferent, & que c'eft un point
où la Religion contrarie directement la Raifon naturelle. Or
pou-

pouvoit-on combattre cette opinion perverſe plus fortement,
qu'en découvrant la turpitude
naturelle de ces bas attachemens,
& faiſant voir par les ſeules lumieres de la Nature, comme dans
cette Comedie , que non ſeulement cette paſsion eſt criminelle,
injuſte & déraiſonnable , mais
même qu'elle l'eſt extremement,
puiſque c'eſt juſques à en paroitre ridicule ? Voila , Monſieur,
quels ſont les dangereux effets
qu'il y avoit juſte ſujet d'appre-
hender, que la repreſentation de
l'Impoſteur ne produisît. Ie n'en
dirai pas davantage , la choſe parle d'elle-même.

Ie rens apparemment un tres
mauvais ſervice à Moliere par
cette reflexion , quoique ce ne
ſoit pas mon deſſein ; parceque je
lui fais des ennemis d'autant de

galans qu'il y en a dans Paris, qui
ne font pas peutêtre les perfonnes
les moins éclairées ni les moins
puiffantes : mais qu'il ne s'en
prenne qu'à lui-même. Cela ne
lui arriveroit pas, fi fuivant les
pas des premiers Comiques & des
modernes qui l'ont precedé, il
exerçoit fur fon theatre une cen-
fure impudente, indifcrete &
mal reglée, fans aucun foin des
mœurs ; au lieu de negliger, comme il a fait en faveur de la Vertu
& de la Verité, toutes les loix de
la coutume & de l'ufage du beau
monde, & d'attaquer fes plus
cheres maximes & fes franchifes
les plus privilegiées, jufques dans
leurs derniers retranchemens.

Voila, Monfieur, ce que vous
avez fouhaité de moi : gardez-
vous bien de croire pour tout ce
que je viens de dire, que je m'inte-

reste en aucune maniere dans l'histoire que je vous ai contée , & de
prendre pour l'effet de quelque
opinion premeditée , l'effort que
j'ai fait pour vous plaire : je parle
sur les suppositions que je for-
ge , & seulement pour me donner
matiere de vous entretenir plus
lontems , comme je sai que vous
le voulez. A cela prés , peu m'im-
porte qui que ce soit qui ait raison : car quoique cette affaire me
paroisse peutêtre assez de consequence , j'en voi tant d'autres de
cette sorte aujourd'hui , qui sont
ou traitées de bagatelles , ou re-
glées par des principes tout autres
qu'il faudroit , que n'étant pas
assez fort pour resister aux mauvais exemples du siecle , je m'ac-
coutume insensiblement , Dieu
merci , à rire de tout comme les
autres , & à ne regarder toutes les

chofes qui fe paffent dans le monde , que comme les diverfes fce-
nes de la grande Comedie qui fe
joüe fur la terre entre les hommes. Ie fuis,

MONSIEVR,

Vôtre, &c.

Le 20. Aouft 1667.